I0818020

LA LIBRERÍA EN EL FIN DEL MUNDO

RUTH SHAW

LA LIBRERÍA EN EL FIN DEL MUNDO

Traducción de
Noemí Jiménez Furquet

PLAZA & JANÉS

Papel certificado por el Forest Stewardship Council®

Primera edición: febrero de 2025

Título original: *The Bookseller at the End of the World*

Printed in Spain – Impreso en España

ISBN: 978-84-01-03608-8
Depósito legal: B-21307-2024

Compuesto en La Nueva Edimac, S. L.

Impreso en Rodesa
Villatuerta (Navarra)

L 0 3 6 0 8 8

Para mi impresionante madre, Freda
(noviembre de 1925-junio de 1972),
y para mi increíble marido, Lance:
mi primer y último amor

1

Dos librerías pequeñitas

En la esquina de Hillside Road y Home Street, frente al lago Manapouri, se encuentra Two Wee Bookshops, una librería que en realidad son dos, y pequeñitas, pintadas de un arcoíris de vivos colores y rodeadas de plantas, curiosidades y alguna que otra mascota.

Cada mañana desde últimos de septiembre hasta mediados de abril, fines de semana incluidos, abro sus puertas. Mi Fiat 500 verde de 1961 resalta aparcado en el cruce de Hillside Road con la carretera panorámica del sur anunciando LA LIBRERÍA MÁS PEQUEÑA DE NUEVA ZELANDA. En la esquina de Home Street pongo el cartel de ABIERTO y entonces empiezo a colocar las distintas mesas y los viejos pupitres pintados en tonos chillones con una selección de libros. En la pizarra escribo: ABIERTO, SI NO ESTOY POR AQUÍ, TOCA CON FUERZA. Junto a la puerta cuelga una campana de barco y su sonido se oye desde casi cualquier punto de nuestra gran propiedad arbolada.

Tenía setenta años cuando decidí abrir las librerías, mi «pasatiempo» para la jubilación. Casi treinta años antes había abierto otra como parte de un negocio de yates chárter que mi marido, Lance, y yo bautizamos como Fiordland Ecology Holidays.

En general, las librerías atraen a los amantes de los libros, pero las mías constituyen un polo de atracción para todo el que pasa por delante. Puede que sea por los colores, o por las ventanas y la puerta antiguas, o porque son realmente minúsculas. Tibor, de Budapest, pasaba de largo cuando atisbó la palabra «librería» en el cartel de la esquina, dio media vuelta a toda prisa y acabó quedándose un mes en nuestra cabaña del jardín. Era enfermero y estaba de vacaciones, pernoctando en su vieja camioneta. A cambio de alojamiento y comida, trabajó en el bosquecillo que rodea nuestro hogar. Le encantaban los libros y se tiró un montón de tiempo sentado en la librería, leyendo y charlando con los clientes. Cuando tenía que ausentarme abría él y acabó vendiendo cantidad de libros. Al marcharse, hubo muchos llantos; él no quería irse y a nosotros nos dio pena decirle adiós.

Luego conocimos a Jana, una joven alemana que entró en la librería, se sentó en una silla y rompió a llorar, sonándose la nariz con un pañuelo ya empapado. Yo la abracé y la estreché contra mi pecho mientras sollozaba. Acababa de terminar una relación sentimental, me dijo. La llevé a casa y Lance, con su comprensión y compasión habituales, se hizo cargo de la tienda. Es el asesor personal de la librería y a lo largo del día son innumerables las tazas de té y café que sirve. También es mi chapuzas, mi «rápido, échame un cable» y quien me ayuda a montar las dos librerías todas las mañanas. Jana se quedó una semana con nosotros.

Más tarde llegó Lily, de Polonia, que echaba de menos su casa y solo quería hablar… y ¡vaya que si hablaba! Supe de toda su familia, incluidos sus abuelos, de dónde había ido a la escuela y los lugares por los que había viajado en Nueva Zelanda. Al final de la conversación entrecortada, que casi parecía más un monólogo, me habló de la ruptura de su noviazgo.

También vino Adam, de Australia. Aparentaba unos veintiún años, era grande y lucía una sonrisa pícara. Trabajaba en Milford Sound y tenía unos días libres.

—Solo quiero aprender a leer libros —dijo.

Nunca había oído una petición parecida, pero pensé que, si alguien sabía leer libros, sería una librera.

—¿Qué te interesa, Adam? —le pregunté.

—No gran cosa. Me gusta cultivar maría y fumarla.

Su franqueza me dejó un poco confundida, pues no me conocía de nada. Entonces analicé mi apariencia desde el punto de vista de un desconocido. Llevaba mis acostumbrados pantalones amplios de algodón indio con una túnica que me llegaba a las rodillas y un sombrero colorido. Entendí por qué se había mostrado tan sincero.

—Tengo el libro perfecto para ti —le respondí—. Tú espera, que está en mi biblioteca y ni siquiera lo tengo a la venta.

Bogor, escrito por Burton Silver y publicado en 1980, es un libro de tiras cómicas sobre un leñador solitario del mismo nombre que se hace amigo de un erizo que cultiva marihuana. La dieta del erizo consiste en caracoles que cría a base de maría. Las historietas aparecieron en la revista *New Zealand Listener* entre 1973 y 1995, por lo que constituye la serie más longeva del país. *Bogor* nos cautivó a todos, pues era bastante radical para la época y pronto aparecieron los libros, que en la actualidad son objeto de coleccionista.

Volví a la tienda con el ejemplar y le conté a Adam la historia de Bogor y de su amigo el erizo que comía caracoles colocados.

—Te va a encantar. Es fácil de leer y estoy segura de que, ¡una vez que empieces, no podrás parar!

Así que Adam comenzó. Cuando me devolvió el libro, dijo que había entrado en la web de compraventa Trade Me con la idea de hacerse con algunos ejemplares y empezar su propia colección.

Un día llegó un hombre llamado Alan. Callado, se sentó en el escalón de la puerta, con los hombros caídos y la cabeza casi tocando las rodillas.

—¿Por qué no pasas y te sientas dentro? —le propuse—. Cerraré la puerta con llave para que puedas disfrutar de un poco de soledad.

—No, no quiero que se tome la molestia —respondió, pero se levantó y entró en la tienda.

Yo salí a toda prisa, le di la vuelta al cartel de ABIERTO, borré la pizarra y cerré la puerta. Nos quedamos sentados unos minutos en silencio hasta que, al final, me presenté. Cuando me fijé, el hombre estaba llorando.

Nuestra casa queda al lado de las librerías, por lo que fui corriendo a pedirle a Lance que preparara un par de tazas de café y nos las trajera. Es algo que suelo hacer cuando hay mucho lío y la gente está esperando para entrar en la librería ya abarrotada; ¡como haya más de cinco clientes, no queda sitio para moverse! Lance entretiene a quienes esperan con anécdotas asombrosas de su vida y les prepara té y café. Por suerte, también es lector, así que, si se tercia, está más que dispuesto a hablar sobre libros.

Nos trajo el café a su debido tiempo; uno con leche y otro con leche y azúcar. Había dado en el clavo: Alan era de los que lo toman dulce.

—Gracias, Ruth —dijo el hombre—. Creo que era mi destino acabar aquí, aunque no soy lector.

—Aquí viene mucha gente que no lee.

—Lo que me ha atraído han sido los colores y la campana colgada junto a la puerta. Soy bombero en Nueva Gales del Sur y me han mandado tomarme un descanso. Así que aquí estoy. —Suspiró y alzó la vista hacia mí—. ¿Sabes que he dejado tirados a mis compañeros? Porque así es. Ellos siguen ahí fuera. Y, vaya adonde vaya, sigo oliendo el humo.

Aquel año, los incendios forestales en Australia eran tan horribles que hasta aquí, en Manapouri, en el extremo inferior de la isla sur de Nueva Zelanda, se olía el humo y los cielos estaban teñidos del color del fuego.

Nos pasamos hablando más de una hora. Los horrores que había vivido y a los que tenía que volver me dieron ganas de llorar.

Al final se levantó, dejó su taza en el pequeño mostrador, sacó un pañuelo de la caja que tengo siempre a mano y se sonó la nariz.

—Gracias, Ruth. ¡Eres justo lo que un viejo bombero quemado necesitaba!

Lo abracé y, alzando la vista, pues era mucho más alto que yo, le sonreí. Sabía que al día siguiente iba a recorrer la ruta Kepler.

—Trata de oler el bosque —le dije—. Respira el aire de la montaña y ya verás que, cuando regreses, estarás listo para volver a trabajar codo con codo con tus compañeros. Tengo un librito para ti. —Le tendí un ejemplar de *Zoo-lógica: para enfrentar los pequeños desafíos de la vida*—. Verás como te saca una sonrisa... y puede que hasta alguna carcajada.

Alan sonrió de oreja a oreja. Cuando abrí la puerta y lo vi doblar la esquina en dirección al lago, di la vuelta al cartel para que mostrara de nuevo ABIERTO.

Algunos días regalo más libros de los que vendo, que es uno de los grandes placeres de estar jubilada y no sentir la presión de ganar dinero. La alegría que produce regalar el libro perfecto compensa más que hacer una venta.

La librería más pequeña, que es para niños, se encuentra escondida tras una valla que solo muestra la fachada; la puerta roja tiene poco más de un metro de alto.

Las criaturas entran y salen de la librería infantil; a menudo se sientan y leen mientras miman a alguno de los peluches dispuestos en fila en los estantes inferiores, esperando su preciada atención. Las madres, los padres, las abuelas y los abuelos redescubren algún libro de su niñez y, mientras lo leen, se pierden en los recuerdos.

En un rincón tengo una biblioteca de préstamos. Antes de la pandemia del covid-19 dejaba que los niños se llevasen un libro para pasar la noche junto con un muñeco bautizado por quien primero se lo llevó. Cuando devuelven los muñecos, los lavo y los tiendo para que se sequen. A menudo, tengo la cuerda llena de animales de peluche colgados de las orejas o la cola. Están Honey y Maple, los osos mellizos; Blizzard McMurray, el peludísimo gato blanco; el gato Mornington; el camello Camo; el pato amarillo Moon y el conejito Bouncy, por nombrar solo algunos.

Eep, la corderita blanca, pasó dos noches en casa de una niña y, al volver, estaba mojada y cubierta de barro y hierba.

—¡Guau! Se ve que Eep se lo ha pasado en grande —comenté.

—Por la noche la he llevado a dormir al corral de las ovejas para que no estuviera sola.

—Una idea estupenda. Estoy segura de que le encantó.

Eep ya está de vuelta en su balda, blanquísima tras el baño.

Otro que suele dejarse caer por la librería es Tama, un niño muy serio y pensativo, y a menudo bastante divertido, que pasa las vacaciones en Manapouri con sus abuelos. Una vez se llevó a Growl, el pequeño león de peluche, a pasar la noche en su casa. Antes de que se fuera, le expliqué que había metido a Growl en la lavadora y que ya no rugía como antes, sino que sonaba más bien como si se estuviera ahogando.

Tama sonrió y respondió que no pasaba nada.

Cuando me lo devolvió al día siguiente, me miró a los ojos y dijo:

—Creo que has sido demasiado severa con Growl. ¡No ruge tan mal!

Uno de los libros favoritos de la biblioteca es *El conejo de terciopelo*, escrito por Margery Williams en 1922. Cuando el Conejo le pregunta a su amigo el Caballo de Piel qué es ser real, este le responde:

> Ser real no tiene que ver con cómo estás hecho. Es algo que te sucede. Cuando un niño te quiere durante mucho, muchísimo tiempo, y no solo para jugar, sino que te quiere de verdad, entonces te vuelves REAL.

He leído el libro muchas veces y esta frase en concreto me recuerda los momentos de mi vida en los que he llegado a comprender el significado de la palabra «real».

2

El principio de los libros y los negocios

Mi padre trabajó de bombero ferroviario de 1941 a 1946, el año en que yo nací. Nos contaba muchas anécdotas sobre esta época: la locomotora K942 era su favorita. New Zealand Rail la introdujo porque era capaz de lidiar con nuestros terrenos montañosos y transportar mercancías pesadas. Creo que heredé de mi padre su amor por los trenes: durante toda mi vida, si no iba navegando en barco, iba montada en tren.

Mamá tenía diecinueve años cuando se casó con él, que entonces tenía veintiuno. Era 1944. Se mudaron a casa del abuelito y la abuelita, los padres de papá, donde pasaron los primeros tres años de matrimonio; mi hermana Jill y yo nacimos mientras aún vivían con ellos.

La casa de los abuelitos en Christchurch daba al río Avon: era el lugar perfecto para una familia, con cinco dormitorios, una cocina grande, comedor, salón y hasta una lavandería con caldera. Jill y yo compartíamos cuarto con la tía Maureen, la gemela de la tía Lorraine, quienes solo nos sacaban diez años y eran las pequeñas de los cinco hijos de la abuelita. La tía Joan, la mayor, ya estaba casada y vivía en la isla norte. También vivieron con nosotros numerosos niños de acogida; los llamábamos igual: tío o tía.

La abuelita dirigía su enorme hogar con mano dura pero tierna. El abuelito se pasaba el día en su cobertizo, reparando bicicletas, o en el famoso taller de su hermano Jim, Hobdays Cycles, que abrió en 1943 en Colombo Street y todavía sigue en activo.

La abuelita era una mujer rechoncha que llevaba delantal a diario y el pelo invariablemente recogido en un moño prieto. Casi siempre sonreía y no paraba de dar abrazos y mimos. Yo la quería muchísimo. Era ella quien me repetía una y otra vez, mientras me estrechaba y me besaba la coronilla: «Ruthie, yo sé que intentas ser buena, pero no puedes».

Nos confeccionaba pantalones con los sacos de harina y los domingos preparaba «pastel hundido»: al usar manteca en lugar de mantequilla, el bizcocho pesaba tanto que, cuando llegaba a la mesa, su centro había colapsado. De premio nos daba pan con mantequilla, nata y mermelada.

La primera casa propia que tuvieron papá y mamá fue en Bangor Street, a una manzana del río Avon y a un corto paseo de casa de la abuelita. Nos mudamos en 1949. Era un minúsculo bungalow de madera que papá siempre andaba renovando. Sin embargo, aunque las reformas lo tenían muy ocupado, el tío Ivan y él decidieron emprender otro negocio: criar gallinas a escala industrial por la carne. Encontraron un terreno adecuado para albergar y criar más de un centenar, pero en el último minuto, cuando ya las habían comprado y pagado, el propietario del terreno se echó atrás. En consecuencia, la empresa de pollos congelados criados en libertad se estableció en nuestro pequeño patio trasero.

Cuando llegaron las aves, papá ya había tirado abajo la pared trasera de la casa y dejado expuestos la cocina y nuestro dormitorio al patio trasero. Luego hizo un cerramiento con arpillera, que por lo visto repelía el frío. Con frecuencia nos despertábamos al oír a las gallinas cacarear bajito mientras se introducían por debajo de la arpillera para acomodarse en el cabecero de las camas o algún otro lugar cómodo y pasar así la noche.

El negocio se acabó de golpe cuando los vecinos se quejaron, pero para entonces las gallinas ya se habían adueñado por completo del patio trasero y la casa.

A papá no paraban de ocurrírsele nuevas ideas, que a menudo implicaban a toda la familia (¡algo que, desde luego, yo también he heredado!). En cuanto nos mudamos de Bangor Street a Oxford Terrace, decidió convertir aquel caserón en una casa de huéspedes.

Dos de los más antiguos eran Bill y Maurice, los primeros enfermeros del hospital público de Christchurch. Más tarde, Maurice se convirtió en matrón del hospital Silverstream de Upper Hutt. Con ellos no había día sin drama, pues era una pareja abiertamente gay, cosa nada corriente en los años cincuenta. Para nosotros, Bill se convirtió en el tío Bill. Los meses de verano, mamá se encargaba del negocio mientras papá estaba lejos, extrayendo oro en la mina de filón profundo de Matakanui, en el distrito de Central Otago.

Una vez que papá terminó de reconstruir, reparar y pintar, vendió el caserón de Oxford Terrace y en 1953 nos mudamos a Conference Street.

A principios de los años cuarenta, el abuelo Benn, el padre de mamá, compró una casa de campo en Pile Bay, una playita apartada bajo unas altas colinas cubiertas de matojos de *tussok* en la península de Banks, a poca distancia de la isla Ripapa. También había comprado un bote salvavidas de casco a tingladillo con unos remos gigantescos que no tardamos en usar. Las vacaciones de verano las pasábamos en Pile Bay con nuestros primos Ken y David. Corríamos descalzos y sin vigilancia por las colinas y los alrededores del litoral rocoso: aprendimos a remar y a pescar, a coger berberechos y almejas; por la noche nos sentábamos en algún altozano y veíamos zarpar el ferry del puerto de Lyttelton para su travesía nocturna rumbo a Wellington.

Cuando papá y el tío Ivan venían el fin de semana, los niños dormíamos pie con cabeza en los camastros, así dejábamos cuatro para nuestros padres. El tío Ivan estaba casado con una hermana de mamá, Philliss (la tía Fan). Por la noche, las lámparas Tilley de queroseno proyectaban sombras en la sala con un susurro suave e ininterrumpido. Cómo me gustaba el olor almizclado del dormitorio, siempre salado con su toque de queroseno caliente. Bajo el colchón yo guardaba montones de libros que leía con fidelidad cada verano, a menudo bajo la luz de una vela.

Jugábamos a las cartas, hacíamos rompecabezas, nos bañábamos en el exterior, de pie en una enorme tina esmaltada, nos lavábamos los dientes en el mar y nos poníamos la misma ropa todos los días. El abuelo tejía redes de pesca con hilo de algodón; cuando acababa una red, la sumergía en té frío para que no se pudriera.

La isla Ripapa, también conocida como Fort Jervois, era el patio de recreo ideal para cualquier niño, fuente de increíbles recuerdos que aún atesoro. Tiene una historia interesantísima, pues fue la sede de un asentamiento Ngāi Tahu, luego un centro de cuarentena para nuevos inmigrantes a finales de la década de 1880, una cárcel para ciento cincuenta seguidores del líder espiritual Te Whiti y luego una batería de defensa costera durante las dos guerras mundiales.

El lugar, de gran importancia arquitectónica y estética, en la actualidad está incluido en la categoría 1 de Heritage New Zealand, al constituir un ejemplo raro de fuerte subterráneo de finales del XIX. Cuenta con cuatro barbetas para cañones eclipsables conectadas por túneles a los polvorines subterráneos y los cuarteles. A la entrada principal le dieron una apariencia de castillo, con su muro de piedra, sus almenas y sus troneras de pega.

En esta diminuta isla rodeada de rocas se construyó un malecón de mampostería rodeando el fuerte. La única forma de acceder a la isla era mediante un puente giratorio o subiendo por la grada. Desde el patio central se entraba en el fuerte subterráneo, un misterioso laberinto de pequeños túneles, la mayoría cerrados al paso mediante verjas de hierro. Aunque daba miedo, también era muy emocionante: en aquella fresca penumbra explorábamos los diques donde seguía presente la enorme artillería; además, las puertas de las celdas todavía abrían y cerraban.

Nuestra familia aún conserva la casa de Pile Bay. Ahora cuenta con paneles fotovoltaicos, un retrete compostable, dos dormitorios y una ducha. El viejo frigorífico de queroseno ha sido sustituido por uno solar y la maravillosa cocina económica amarilla y verde de carbón ha dado paso a una de gas. Entonces éramos los nietos y ahora somos los abuelos, los portadores de historias.

Mi padre volvió a ponerse en marcha y la casa de Conference Street se vendió. Nos mudamos a Fitzgerald Avenue, a una amplia vivienda de dos plantas cuyos bajos estaban ocupados en su mayor parte por una frutería. A los ocho años tuve mi primer trabajo remunerado: ayudaba a papá y a mamá en la tienda. Jill, que entonces tenía diez, ganaba dos dólares a la semana por escribir nombres en periódicos, empaquetar pedidos y quedarse hasta tarde una vez a la semana para ayudar a mamá a cerrar.

Papá me explicó que el salario mínimo para una mujer ascendía a poco más de tres chelines la hora; como solo tenía ocho años, me pagaría la sexta parte. Después del cole, me encargaba de pesar y empaquetar arroz, harina y azúcar, que llegaban en grandes sacos, y té suelto, que recibíamos en cajones de madera. Me animó a aprender sobre ganancias y pérdidas, a hacer presupuestos y la importancia del ahorro. Yo guardaba el salario en una hucha en el fondo del armario; al igual que él, ya tenía planes de incrementar mis ingresos semanales.

Mi primer negocio independiente consistió en criar y vender ratones como mascotas, con el pleno apoyo de mi padre. Él me construyó jaulas de dos y tres plantas con cajas de fruta de la tienda, mientras que mamá me enseñó a cuidarlos. Yo estaba empeñada en triunfar: el fracaso no era una opción. En cuanto los ratoncitos fueron lo bastante mayores, los metí en un maletín que entraba en el compartimento de la bici y los llevé al colegio. Los vendía en bolsas de papel rellenas de paja a seis peniques el ejemplar, sexo garantizado.

El negocio fue bien hasta que las monjas decidieron que el recinto del colegio no era un lugar adecuado para comerciar con ratones. Aunque vendí muy baratos los que me quedaban, les saqué beneficio, así que les compré a mis padres un periquito al que papá bautizó como Floyd. Más tarde descubrimos que era una hembra, cuando puso un huevo en su hombro. Papá la adoraba. Mamá la toleraba.

La historia de Central Otago está indisolublemente unida a la de la minería de oro, desde la costa de Dunedin hasta Palmerston, en el interior, pasando por la famosa autopista Pigroot hasta la llanura de Maniototo para bajar luego hasta la zona de Omakau, Clyde y Alexandra. Yo había oído a mis mayores hablar de la fiebre del oro, pero nunca le había dado mayor importancia hasta que fui testigo del grado de locura al que llegó mi padre cuando empezó a trabajar en su propia concesión en Matakanui, que en aquella época se llamaba Tinkers.

Se había convertido en el único accionista de la mina tras la muerte de sus socios más mayores. Para cumplir con la ley, debía explotarla todos los años; de lo contrario, cualquiera podía reapropiarse del terreno y papá perdería sus derechos. El problema era que la veta principal se encontraba bajo una laguna, por lo que solo podía hacerlo cuando el hielo invernal se había derretido y el nivel del agua estaba bajo. El oro aluvial se extraía sobre todo por medio de una caja de esclusas hidráulica.

Durante las vacaciones de verano, mamá y papá contrataban a un sustituto para la tienda y todos bajábamos a la mina, situada al pie de la cordillera de Dunstan. El calor era extremo, lo que convenía a mi complexión oscura, pero tanto mamá como Jill, de piel muy clara, se quemaban enseguida. Mamá solo medía uno cincuenta y tres, pero en la mina podía con todo. Papá trabajaba en la esclusa del alba al ocaso, mamá recogía con palas el cascajo, Jill mecía la criba y yo lavaba las esteras y buscaba oro con una pequeña batea que me había comprado papá. Él nos alentaba a voz en grito: «Venga, arriba ese ánimo; no hay que bajar el ritmo. Acabamos de empezar, así que tenemos un largo día por delante».

Después de una jornada de trabajo, papá recogía el cascajo, lo secaba delante de un fuego y lo colocaba en un papel de periódico doblado formando una V. Agitaba con suavidad el papel mientras soplaba la grava provechosa ya seca. Con paciencia y experiencia, veía el polvo y los copos de oro depositados sobre el papel y separados de la arena.

Al finalizar cada semana, íbamos a la cabaña del anciano Sandy Anderton, un minero de la vieja escuela que preparaba el polvo de oro recogido para venderlo en el banco de Omakau. Practicaba un agujero profundo en una patata grande, metía dentro el polvo de oro y luego lo tapaba con el «tapón» del tubérculo que había extraído. A continuación metía la patata entre brasas calientes y la dejaba toda la noche. A la mañana siguiente, dentro de la patata asada había una pepita de oro. La onza se vendía a doce libras.

HISTORIAS DE LAS LIBRERÍAS

«CONTAD VUESTRAS VIVENCIAS»

Me habían pedido que hablase en la reunión local del Women's Fellowship Group. Diane MacDonald, la presidenta del grupo, me había oído en el programa de radio *Saturday Morning*, que presenta Kim Hill en la RNZ, y me había invitado a visitarlas. «Tú háblanos de tus librerías y..., ¡a ver!, también de tu vida, claro».

Mientras estacionaba en el aparcamiento del Ejército de Salvación, Diane vino a saludarme.

—Una mañana horrible —dijo—. Lo siento mucho, está siendo un caos. Una de las señoras del grupo murió anoche de forma inesperada y tengo que anunciárselo al resto.

Mi mente se puso a mil por hora. ¿Cómo te diriges a un grupo de mujeres que acaba de recibir la noticia de que una de sus amigas ha muerto? Yo tenía pensado contarles anécdotas con las que se rieran, pero ¿cómo hacerlo en una situación tan dolorosa?

Diane se subió al estrado y dio la terrible noticia antes de añadir que debíamos seguir adelante y disfrutar de la mañana juntas. Entonces me presentó.

Yo les di el pésame y mencioné que a menudo la muerte de

alguien nos pilla por sorpresa. Siempre he creído que todo el mundo tiene una historia que contar, por lo que subrayé lo importante que era para sus familias que conocieran las suyas, que incluso las grabaran.

—No hace falta haber llevado una vida emocionante o llena de situaciones dramáticas para tener una historia. Es igual de importante que les contéis a vuestros hijos y nietos cómo fue criarse en una granja, ir al colegio hiciera buen o mal tiempo, a veces descalzas; recordar cómo vuestra madre tenía remedios caseros para el catarro, el dolor de cabeza o las picaduras de insectos. ¿Quién os confeccionó el primer vestido de baile? ¡Mi abuela nos hacía los pantalones con sacos de harina! ¿Os acordáis de cómo preparábamos bizcocho con manteca o grasa? Y el teléfono formaba parte de una línea compartida, así que una siempre sabía que la cotilla del pueblo estaría a la escucha. ¿Os acordáis de lo importante y emocionante que era recibir una carta?

Para entonces casi se me saltaban las lágrimas mientras les repetía las historias que mis abuelas me habían contado.

—Escribid vuestras historias —les dije—. Por favor, no dejéis de escribirlas.

Por suerte, fui capaz de superar la tristeza que sentía y conseguí entretener a aquellas mujeres maravillosas. Todas acabamos riendo; fue una mañana preciosa y memorable.

Tras la reunión, mientras comía una cantidad vergonzante de comida riquísima, Diana me preguntó si podía organizar una excursión del club de lectura de Winton hasta Manapouri para reunirse en mis librerías. Le respondí que me parecía una idea fantástica.

Pocos meses después llegaron en tres coches cargados de todo lo imaginable para un estupendo almuerzo informal. Fue un día fabuloso, todas sentadas al sol y ataviadas con pamelas, charlando y riendo mientras dábamos cuenta de aquellas delicias. Al abordar el último libro que habían elegido para el club, quedó claro que algunas habían disfrutado con su lectura y otras no, por lo que el debate se animó bastante.

Como en aquel momento tenía este libro a medio escribir, las escuchaba con atención y me preguntaba cómo sería un debate sobre él una vez acabado. Sexo, drogas, palabrotas, un par de detenciones y varios matrimonios seguro que caldeaban la discusión. Así que... ¡decidido!

3

Saber cuándo sostenerlos

Era 1953, tenía siete años. Acabábamos de mudarnos a una casa de dos plantas con el nobilísimo nombre de Brixton House, en Conference Street, Christchurch. Era la tercera en la que vivíamos en los últimos seis años, desde que pasáramos uno con el abuelito y la abuelita después de mi nacimiento. Comprar casas viejas, renovarlas y venderlas era otro más de los numerosos negocios en los que mi padre se embarcó a lo largo de su vida.

Aquella era una casa de estilo antiguo sin jardín delantero, ya que la puerta principal quedaba a menos de un metro de la acera. Un enorme nogal daba sombra en el patio trasero, en cuyo rincón más alejado había un huerto.

Frente a la puerta de la cocina, en la parte de atrás, había un pequeño dormitorio en el que dormía la yaya, la madre de mi madre. La yaya, Ellen Martha Daisy, llevaba viviendo con nosotros desde que dejó al abuelo, Ethelbert Ponsonby Benn (siempre me ha encantado su nombre). Él se fue a vivir con nuestra tía.

La yaya no paraba de recibir visitantes, pero solo podían

entrar en su cuarto previa invitación. Era una mujer alta y de mirada severa, con la boca fruncida y unos ojos oscuros, casi negros, siempre alerta y a menudo tristes. Llevaba el pelo gris metálico corto, ondulado con tenacillas alrededor de la cabeza, las gafas de montura pálida muy subidas y vestidos abotonados hasta el cuello. Su rasgo más bello, que yo recuerde, eran las manos. De dedos largos y elegantes, pálidos y rectos, con uñas cuidadosamente redondeadas y minúsculas medialunas asomando sobre el borde. Adoraba jugar a las cartas; de hecho, estaba hecha una tahúr de cuidado y se jugaba la herencia familiar a la primera de cambio.

Hasta años más tarde, cuando Jill y yo hablamos de la yaya, no reconocí lo lista que había sido. Con mi hermana se mostraba dulce, le leía cuentos metidas en la cama; jamás tuvo una mala palabra para ella. Jill tenía unas largas trenzas rubias, ojos azules y siempre se portaba bien. Yo, por el contrario, era desordenada, un chicazo de pelo corto y negro que la acribillaba a preguntas y solía meterse en líos. La yaya nunca fue cariñosa conmigo, apenas me daba las gracias cuando empecé a cambiarle los vendajes de las piernas ulceradas a los nueve años.

Yo no quería a la yaya tanto como a la abuelita, pero ella me enseñó alguna de las habilidades necesarias para desenvolverme en mi caótica vida. A una edad en extremo temprana, aprendí a jugar al *cribbage*, al veintiuno y al póquer, así como un par de trucos básicos. Me enseñó a sujetar las cartas correctamente con mis manitas, cómo barajar sin mostrar la del fondo del mazo y cómo jugar rápido, con confianza y cara inexpresiva, sin dejar entrever nada. Aunque mis manos eran mucho más pequeñas que las suyas, sostenía los naipes con la misma elegancia, cerca del pecho para que «nadie pueda hacer trampas».

Estas habilidades acabaron convirtiéndose en lecciones de vida. Cuando andaba corta de dinero, jugaba a las cartas para ganar algo. Los trucos más importantes fueron cómo farolear y manipular al contrincante. «Si llevas una mano mala, no sirve de nada que se note», me decía la yaya. Me enseñó a parecer convincente y a mantener el contacto visual aunque llevase una porquería de mano.

Esto no solo se aplicaba a las cartas; las cosas que me enseñó la yaya me han servido una y otra vez a lo largo de la vida. Aunque me encontrara en una situación indeseable, debía tener la confianza de mostrarle al mundo que llevaba una mano ganadora.

Cuando fui algo mayor, sobre los diez años, bajaba al pub con mi padre y con el tío Ivan y jugábamos al *euchre* y al quinientos. Era la única niña de la sala. Solía emparejarme con papá: funcionábamos bien juntos. Recuerdo que, muchos años después, cuando ya me iba a enrolar en la Armada, me dijo que la vida era como jugar a las cartas. Te reparten una mano y el modo en que la juegues puede determinar el resto del mes, del año o de la vida; pero no hay tiempo para planificar porque, si dudas mientras juegas, la gente puede adivinar tu próximo movimiento. Lo último que me aconsejó fue: «Siempre que te veas en una situación apurada, imagina tu vida como un mazo de cartas y piensa cómo jugarías esa mano. Puedes convertir una mano mala en ganadora solo con la forma en que juegues la siguiente carta».

Durante toda mi vida me ha gustado jugar a las cartas. Por suerte, nunca he sido víctima de la ludopatía, pero en dos ocasiones muy distintas el juego me ha llevado a situaciones la mar de interesantes. Una tuvo lugar en Papeete, en la Polinesia Francesa, cuando navegaba por el Pacífico a bordo del Cutty Sark, y la otra en Rabaul, Papúa Nueva Guinea, donde estuve trabajando poco más de cuatro años.

HISTORIAS DE LAS LIBRERÍAS

UN PEREGRINO INUSUAL

Un hombre grande llegó a la puerta de la librería. La ropa técnica muy usada y un leve olor corporal me dieron a entender que acababa de bajar de las montañas. Se sentó en el escalón y se quitó las botas húmedas y embarradas antes de dejarlas en el felpudo.

—¿Viene de hacer senderismo? —le pregunté, aunque era evidente.

—Diez días abriéndome camino entre los arbustos. Espero que no le importe.

Me reí.

—Diría que le hace falta una taza de café fuerte. ¿Con leche y azúcar?

—Me vendría de lujo, gracias. Dos cucharadas.

Cuando volví a la librería con dos tazas de café, lo encontré sentado en el suelo, consultando un mapa abierto de Fiordland.

—Este lugar es increíble, ¿verdad? Uno puede salir en busca del sol cada día y siempre le quedan montañas tras las que esconderse.

—¿Tiene pensado volver? —le pregunté.

Asintió.

—¿Huye de algo o lo persigue? —aventuré.

Levantó la vista hacia mí, sentado como estaba en el suelo con su café.

—Solo camino. Me empapo del paisaje, alimento el alma.

Tenía una forma muy bella de expresarse. Me contó que en esos momentos se encontraba perdido y que prefería estar solo hasta que lo solucionara.

—Me quedaré unos días en la zona de acampada y luego me pondré en marcha de nuevo. ¿Le importa si me paso de vez en cuando por aquí? Me gusta leer, pero la mochila no es lo bastante grande para cargar con muchos libros.

—Venga siempre que quiera —le dije—. Si la librería está cerrada, llame a la puerta delantera y le daré la llave.

Durante los siguientes tres días, Hamish iba y venía. Se había afeitado y había lavado la ropa, pero seguía con sus viejas botas.

Pronto supe lo suficiente sobre él para darle un libro que sabía que le iba a encantar, uno que por sí mismo jamás se habría planteado leer.

—Hamish, te voy a dar un libro y tienes que meterlo como sea en tu mochila.

Cogió el ejemplar y sonrió al ver el título: *El insólito peregrinaje de Harold Fry*, de Rachel Joyce.

—Creo que los zapatos de Harold son un poco como tus botas —dije—. Cuando te lo acabes, déjalo en una cabaña para que alguien más lo lea.

—No, Ruth, no —respondió—. Este libro es mío, me lo has elegido tú. No voy a dejarlo en ninguna parte.

Cuando fue a estrecharme la mano, me alcé y le di un abrazo.

—Cuídate, Hamish.

4

Naseby

En 1957, nos mudamos a Naseby, un minúsculo pueblo en Central Otago que está considerado uno de los municipios más pequeños y antiguos de Nueva Zelanda, con una población de poco más de cien habitantes. Aun así, contaba con su alcalde y sus concejales. Para alegría de papá, nos encontrábamos en medio de la región minera.

Fue en mayo de 1863 cuando se descubrió oro en un barranco cerca del monte Ida, no lejos del actual emplazamiento del pueblo. Durante los meses siguientes se fueron multiplicando las tiendas de lona, a medida que los mineros abandonaban los yacimientos de Dunstan para abrirse paso entre la nieve invernal hasta el nuevo filón, a más de seiscientos metros sobre el nivel del mar. En muy poco tiempo, la población de aquel campamento se duplicó cuando se halló grava provechosa en el arroyo Hogburn, que atraviesa Naseby. La localidad adoptó su nombre oficial en 1873.

Nuestra casa estaba dividida en dos: la mitad era una carnicería con un cocedero de jamones; en la otra vivíamos nosotros. Para mamá, la mudanza supuso dejar a su hermana y a su familia en Christchurch, por lo que se sentía bastante aislada. Mi hermana Jill odiaba el pueblo, ya que había encontrado su sitio en la estructura formal de nuestro colegio femenino y católico de Christchurch, en el que enseñaban las Hermanas de la Misericordia, y ahora tenía que seguir su educación en Ranfurly High, una escuela mixta rural. Pero a mí me encantaba nuestro nuevo hogar. Creo a que papá, a Beswick (nuestro gato persa) y a mí, Naseby nos vino de maravilla, mientras que Jill y mamá «hicieron de tripas corazón».

La escuela primaria de Naseby a la que iba yo solo tenía dos aulas, cada una con su estufa de carbón para mantener el calor en invierno. No empezábamos la jornada de rodillas rezando el rosario, no teníamos que aprender latín ni pasarnos el día cantando himnos, no había que asistir a misa varias veces a la semana ni leer el catecismo. Yo no trabajaba después del colegio, solo durante las vacaciones escolares, así que tenía tiempo de jugar y explorar, por lo que el deporte se convirtió en una parte importante de mi vida.

La pequeña sala de lectura del ateneo se encontraba a un par de puertas de nuestra casa. Dentro estaba oscuro; una lámpara solitaria provocaba una continua sensación de misterio, aventura e intriga. Muchos de los libros eran viejísimos, con cubiertas de cuero o tela, los títulos dorados desvaídos y unas páginas de papel delgado que crujían al pasarlas. Para mí era una delicia; recuerdo estar sentada a la mesita de madera y abrazar un libro enorme de lo mucho que me gustaba.

En paralelo al trabajo de carnicero del pueblo, papá se convirtió en el secretario municipal. Guardaba el libro de cuentas bajo el mostrador de la carnicería y la gente venía a pagar la contribución a la tienda. También era el encargado de la pista de curlin, el responsable de preparar el hielo para los partidos o torneos y, por supuesto, en su tiempo libre seguía buscando oro.

William (Billy) Strong era el relojero de Naseby; vivía en una diminuta casa de adobe en Derwent Street, justo enfrente de la oficina de correos. Su padre había abierto la pequeña y abarrotada relojería en 1868, en Leven Street. Allí seguía, las paredes cubiertas por todo tipo de relojes imaginables, ninguno de los cuales indicaba la hora correcta.

De vez en cuando, Billy abría el taller al público para que la gente admirara los bellos relojes de bolsillo, de pulsera o de pared. Tras el mostrador de madera se encontraban las cajas de relojes en los que trabajaba a su parsimonioso ritmo, rebuscando en algún rincón oscuro una pieza casi olvidada. Fue Billy quien me contó todo sobre los relojes de bolsillo y me explicó la importancia de la longitud y el peso de la leontina, el muelle, los engranajes y las ruedecillas. Mantuvo el negocio hasta 1967.

En el máximo esplendor del otoño, las agujas amarillentas de los alerces se acumulaban en las calles y la primera nevada cubría las colinas. Era el momento del año en que el enterrador cavaba unas pocas tumbas en el cementerio, ya que una vez llegado el invierno el suelo estaría helado.

El enterrador, apodado «Chrome Dome», era un hombre alto, fornido y calvo de cuarenta y tantos. Con la sonrisa siempre asomando, saludaba al pasar a los ancianos reunidos en la calle. «¿Qué tal se está dando el día, muchachos?», les preguntaba cada mañana. Había acordado con papá, como secretario municipal, cavar cuatro nuevos hoyos para el invierno. «Me alegro de veros tan bien de cara al invierno», les decía, tal vez pensando en su pronóstico invernal, antes de alejarse con la pala al hombro.

Con frecuencia, cuando se cavaba un nuevo hoyo, salía a la luz una tumba anterior, pues los primeros registros municipales no eran demasiado precisos. Fundado en 1860, el cementerio de Naseby es uno de los más antiguos de Nueva Zelanda. Las tumbas de los mineros chinos estaban escondidas bajo los enormes árboles junto a la tapia, con sus nombres grabados en sinogramas sobre las lápidas planas. Muchas de las primeras tumbas eran de indigentes.

El invierno llegaba pronto a Central Otago; las montañas resistían con calma mientras la primera capa de nieve cubría sus cumbres y buscaba colmar los valles. A continuación, las nubes llegaban lentas por el cielo, envolvían poco a poco las colinas más bajas y lo engullían todo a su paso. El aire no tardaba en volverse cortante de puro frío. Naseby estaba lista para agachar la cabeza.

La quietud era tan completa el primer invierno que me sentaba y me acurrucaba con los ojos como platos, maravillada al contemplar cómo ardían constantes las hogueras de piñas abiertas recogidas durante el otoño, mientras las columnas de humo ascendían en espiral, propagando su aroma por el aire.

A través de la ventana de mi dormitorio observé conmovida mi primera nevada. El primer copo cayó como una borla de lana y algodón, flotando sin rumbo, un minúsculo paracaídas en danza. Era como si hubieran enviado aquel pequeño copo a anunciar la gran inauguración del ballet más espectacular, que solo se representaba una vez al año, pero que duraba meses. Ahora las diminutas bailarinas descendían a cientos, miles, millones, ataviadas todas de blanco, girando cada vez más rápido.

Enseguida dejé de ver el puente de piedra que atravesaba el camino de tierra. Me vestí a toda prisa y corrí hasta el campo de recreo, las botas crujiendo al hundirse en la nieve. Envuelta en capas de ropa de abrigo, solo asomaban los ojos entre las bufandas enrolladas alrededor de la cara. Los postes de las vallas se habían puesto su boina de nieve, de un blanco inmaculado, y algunos hasta lucían agujas de pino en los ángulos más inesperados. Pesadas trenzas níveas comenzaban a combar los cables del telégrafo.

Aquí es donde mi historia empieza de verdad, en el corazón de la llanura de Maniototo.

—Hace un frío que hiela las almorranas —dijo mi padre mientras nos acercábamos al misterioso relojero, Billy Strong, que iba caminando—. Más te vale encenderte la pipa y darle un par de caladas para calentarte la nariz, que te está saliendo un carámbano.

La figura de Billy, todavía erguida aunque ya añosa, estaba a una distancia suficiente para oírnos.

—Más me vale encender la pipa. Ya sabía yo que iba a nevar... por los árboles, ¿sabéis? Y por los pájaros. —Se limpió la enorme nariz ganchuda con un pañuelo igualmente grande y muy usado, sacó el reloj de bolsillo, echó un vistazo a la hora y asintió—. Como decía, llevo aquí demasiados años como para no saber cuándo va a nevar. Buena nevada la de hoy; hasta las llanuras han quedado cubiertas.

—Sí, eso decía yo —respondió mi padre, de pie con las piernas abiertas y las manos en los bolsillos, la petaca del tabaco asomando en el bolsillo del jersey y el mandil de carnicero atado con firmeza alrededor de la barriga algo redondeada.

Tenía los ojos azules orlados de arrugas de tanto reír; se cubría el cabello rubio, que empezaba a escasearle, con una gorra inglesa. «Me calienta las orejas», solía repetir de manera inexplicable, ya que ni siquiera se las tapaba. Y allí, bajo la gran nariz, herencia familiar, apareció su pipa encendida, ennegrecida y lustrosa tras años de uso.

—Vas donde los muchachos, ¿eh? —le preguntó a Billy, señalando con un gesto de cabeza la frutería y el largo y usado banco que había delante y que parecía formar parte del escaparate.

Allí era donde se reunía cada mañana el grupo de ancianos del pueblo, incluido Billy, separados de la carnicería de papá por la travesía. Todos habían llegado a Naseby de jóvenes, deseosos de trabajar, ir a la mina, casarse y asentarse. Ahora, tantos años después, pasaban las mañanas sentados al sol, fumando en pipa, recordando y, de tanto en tanto, echando una cabezadita.

El banco ya estaba medio lleno de «muchachos» decrépitos, sentados con las pipas echando un humo alegre bajo sus narices siempre acatarradas. Cada vez que llegaba un nuevo miembro, se levantaban el sombrero, murmuraban algo sobre el tiempo y recuperaban su postura encogida. Abundaban los asentimientos, los murmullos y las chupadas a las pipas. Llegada la media mañana, todo el banco estaba ocupado, las viejas locomotoras sibilantes de la fiebre del oro presentes para su inspección diaria.

Acabada la primaria en Naseby, me uní a Jill en el autobús escolar que llevaba a Ranfurly High. Nuestra profesora de Inglés, la señorita Alexandra, me dijo que tenía una excelente capacidad de escritura y me animó a leer y a escribir. El de Matemáticas, el señor Hill, en cambio, se cansó de preguntarme la lección y me dejó en paz con mis ensoñaciones (y mis escritos).

Gracias a la asignatura de Geografía descubrí los mapas. Estudiaba los detalles —longitud, latitud, topografía— y me ensimismaba pensando en los océanos y el ecuador. Investigaba sobre distintos países, aprendía sobre animales y gentes, y debatía con ardor contra el concepto de la Commonwealth.

En la biblioteca de la escuela empezaron a aparecer libros sobre la Segunda Guerra Mundial, incluido el *Diario de Anne Frank*, que leí a los trece. La autora lo escribió con mi edad y murió solo dos años después, lo que me marcó enormemente: no pensaba seguir en la escuela más tiempo del necesario; para mí, la vida no se encontraba en el aula.

En la primera semana de 1963, Naseby celebró su centenario y la ciudad entera se vistió de época. Hubo un desfile por la calle principal, una competición de barbas, panecillos con salchichas, pruebas deportivas en los campos de recreación, demostraciones de bateo de oro y un baile por la noche.

Hasta proyectaron una película en el ayuntamiento. Ross McMillan, más tarde conocido como «Blue Jeans, el poeta de Naseby», rodeó la localidad al galope en su caballo y, para divertimento nuestro, saltó por encima de un vehículo. Un lugareño hizo el muerto de maravilla en la vieja carroza fúnebre, que recorrió la calle principal tirada por una pareja de caballos.

El desfile acabó delante del hotel Royal, donde se apiñó todo el mundo. Cuando no cupo nadie más, el resto de la gente llenó el hotel Ancient Briton. Comenzaron a comer, beber y cantar, y todo el mundo se olvidó del pobre hombre de la carroza fúnebre, que para entonces estaba dando golpes a la ventanilla para que lo sacaran. Al final alguien se dio cuenta, pero aún tardaron en liberarlo, pues la portezuela estaba atascada y no querían romper el cristal.

Si recuerdo 1963 es por dos motivos: uno, el centenario; el otro, porque fue el año en que me violaron.

5

1963

Durante mi adolescencia, una vez al mes se celebraba un baile en uno de los salones comunitarios de los alrededores de Maniototo. Solía acudir mucha gente, desde preadolescentes hasta abuelos. Bailábamos el Gay Gordons, el Highland Rambler, el foxtrot y el vals: todos ellos se enseñaban en el instituto. Al principio de aprender el vals, nos emparejaban con otra chica y contábamos «un, dos, tres; un, dos, tres», tratando de no reírnos. Hasta que no éramos capaces de dar los pasos del vals y el foxtrot por el salón del instituto con la espalda recta, la cabeza alta y los brazos con la postura perfecta, no nos dejaban bailar con un chico. Entonces, de repente, nos sentíamos adultas, como si nos hubieran ascendido al mundo de los mayores aunque no tuviéramos más que quince o dieciséis años.

Por aquella época fumaba cigarrillos Matinée, lo daba todo al hockey con chicas que me sacaban hasta seis años, era capaz de jugar un buen partido de golf con mi padre (lo que me valía la admisión a la tertulia posterior en el decimonoveno hoyo) y podía ganar a casi cualquiera al póquer. Pero bailar con uno de los chicos fue lo que me sacó del mundo de la niñez y me convirtió en una joven adulta.

Nunca se me dio bien bailar, salvo los movimientos repetitivos de la *square dance*. Todo lo de mecerse, girar, taconear y dar palmas era algo que me encantaba. Desde luego, me atraían los chicos y prefería su compañía, ya que hacían cosas mucho más interesantes que nosotras, las chicas. Los chicos y yo nos sentábamos y fumábamos cigarrillos y asábamos salchichas y patatas en una fogata donde las viejas explotaciones mineras, echábamos carreras en bici por los senderos de pastoreo de ovejas a velocidades peligrosas, excavábamos cuevas, pescábamos en las presas y construíamos cabañas con desechos.

Dejé el instituto en cuanto obtuve el certificado de estudios a los dieciséis y, para febrero de 1963, estaba trabajando como segunda cocinera en el hospital de Ranfurly.

Todo cambió en julio de aquel año, una semana después de que cumpliera los diecisiete.

El invierno arreciaba en Central Otago, la nieve cubría las montañas y los campos a nuestro alrededor, los estanques y las presas se habían congelado y el patinaje y el curlin estaban en todo su apogeo. Las cordilleras de Hawkdun y el monte Ida, igual que las de Lammermoor y Kakanuis, rodeaban la llanura de Maniototo como centinelas cubiertos de *tussok*. Nos criamos en el amor por las montañas, por los espacios abiertos con los halcones planeando en el cielo y, en especial, por la libertad de merodear por las viejas explotaciones mineras. Recorríamos kilómetros en bici de un pueblecito al siguiente, con la tranquilidad de que nos conocíamos todos.

Hasta aquel momento había tenido algún noviete, pero nada serio. Tampoco es que hubiera muchas oportunidades de «salir» con un chico. Un miembro de la pareja podía ir a ver al otro jugar a algún deporte el sábado, siempre que los horarios no coincidieran y ambos partidos fueran en la misma localidad. O los dos podían ir al cine en Ranfurly y, claro está, a los bailes mensuales.

En el cine nos dábamos la mano y las chicas nos acurrucábamos bajo el brazo del chico. Ese brazo solía deslizarse por el hombro e iniciar el descenso con la esperanza de llegar al pecho. Yo era bajita y tenía una complexión menuda y plana; mi «sujetador deportivo» no hacía nada por realzar el busto. Los pechos pequeños suponían una ventaja para jugar al hockey o al tenis, pero eran una vergüenza en cuestiones de novios. Nos besábamos a oscuras con la boca cerrada, sin saber muy bien qué hacer por la falta de experiencia. Una mano justo por encima de la rodilla me robaba el aliento de la emoción, pero también disparaba mis miedos.

Recuerdo como si fuera ayer el momento en que me descubrieron el *frottage*. Fue después de un partido de hockey, detrás de las cabañas de los vestuarios. Había jugado bien y me sentía bien; mi novio era todo sonrisas y no paraba de comentar lo buenos que habían sido mis pases del ala al centro. Estábamos sentados con la espalda apoyada en la cabaña de madera, sin que nadie pudiera vernos, cuando se inclinó sobre mí y empezó a restregar su cuerpo contra el mío. Yo notaba su erección y su respiración acelerada cuando, tan rápido como había empezado, se acabó. Pregunté en voz alta qué había pasado. Él me miró avergonzado y murmuró un «lo siento» al tiempo que se daba la vuelta y se marchaba. Ahí acabó nuestra relación.

Mis amigas Lyn y Sue trabajaban en el hospital y las tres íbamos juntas a los bailes todos los meses en el enorme coche del novio de Sue, que era de seis plazas. Una noche de julio nos pusimos en marcha envueltos en mantas de cuadros, con guantes de lana y las bufandas subidas hasta la cabeza.

El baile ya había empezado cuando aparcamos al lado de otros vehículos, incluidos varios minibuses, todos alineados en pulcras filas en el exterior. Los chicos estaban de pie en un extremo del acogedor salón, muchos de ellos con vasos de cerveza tibia en la mano y fumando. Las chicas se repartían alrededor de la pista, sentadas en asientos durísimos, charlaban y reían mientras esperaban a que las sacaran a bailar.

A las nueve, el baile estaba en lo mejor, la orquesta de cuatro miembros tocaba «Limbo Rock», «It's Now or Never», «Big Girls Don't Cry» y, por supuesto, las canciones escocesas «The White Heather Club» y «A Scottish Soldier».

Por increíble que parezca, uno de los rompecorazones de la zona me había pedido que bailara con él. Me sacaba dos años: alto, con el pelo pajizo y una media sonrisa encantadora, era además un gran bailarín. Me hacía girar, me lanzaba hasta donde daba su brazo extendido y luego tiraba hacia sí con ademán posesivo, sin dejar de mover en ningún momento los pies al ritmo preciso de la música. Yo estaba en la gloria: me fascinaba y emocionaba responder así a la música, y su cercanía me saturaba los sentidos.

Cuando acabó la canción, me agarró la mano con firmeza.

—Vamos fuera, Ruth.

Sin dudar, dejé que me condujera entre la gente y salimos al aire frío. No entendía por qué me había elegido a mí de entre todas las chicas que, con toda certeza, querían bailar y dejarse ver con él. Me sentía tan especial que casi no me lo creía.

—Hemos venido todos al baile en el bus; está ahí mismo. Vamos dentro, que hace frío —sugirió.

El pequeño autobús estaba estacionado en la segunda fila de vehículos. No había más iluminación fuera del salón que la débil luz amarilla que proyectaba una bombilla solitaria sobre la puerta. Mientras subíamos los escalones para acceder al vehículo, se oyó una voz desde el fondo.

—¿Qué tenemos aquí, Warren?

De pronto sentí miedo. Traté de soltarme, pero Warren me agarró la mano con más fuerza.

—No tienes de qué preocuparte —me dijo—. Son solo un par de colegas. Ven, vamos a sentarnos aquí.

Quedé de espaldas a la ventana. Warren se sentó a mi lado y Stewart y Simon, dos chicos que también conocía, lo hicieron detrás. Por puro instinto supe que me estaban tendiendo una trampa, así que intenté levantarme, pero dos manos me agarraron por detrás y me empujaron hacia abajo.

—Me gustaría bajarme del autobús, por favor —dije.

—¡Por favor! Bueno, pues a nosotros nos gustaría que te quedaras, por favooor —replicó Stewart entre risas.

Miré a Warren a los ojos y me puse en pie con lentitud.

—Déjame pasar.

Simon, que estaba sentado detrás de mí, de repente se puso de pie, se inclinó hacia delante y me rodeó el cuello con el brazo. Warren me agarró y tiró de mí hasta levantarme del asiento y llevarme a la parte trasera del autobús. Simon se colocó a mis espaldas. Seguía atenazándome el cuello, pero con el otro brazo ahora me rodeaba la cintura. Di una coz; noté el contacto con una pierna y oí un grito y una palabrota en respuesta. Di otra y, al mismo tiempo, traté de zafarme de Warren. Recuerdo que me empujaron y me zarandearon hasta tumbarme en el asiento alargado del fondo del autobús, aplastada por el peso de Warren.

Debía de estar gritando, porque Stewart me dijo que me callara y me metió un pañuelo en la boca. Los zapatos se me habían caído mientras seguía intentando liberarme y dando patadas. No recuerdo qué dijimos, porque mi mente era un torbellino; estaban pasando demasiadas cosas al mismo tiempo.

Me sentía como si luchara por la vida, pero dependía por entero de mi cerebro, ya que los brazos, la cabeza y las piernas estaban atrapados. Hice una lista mental de las únicas posibilidades a mi disposición. Si me resistía, podían hacerme aún más daño. Si no me resistía, pensarían que me había rendido y había accedido a mantener relaciones sexuales. Si me hacía la muerta, puede que creyeran que me había desmayado y me dejaran en paz. Tal vez podía fingir sufrir un ataque... Deseé que me hubiera bajado la regla, porque eso los habría disuadido.

Warren me arrancó las bragas y se colocó encima de mí, mirándome a los ojos con la cara tan cerca de la mía que podía olerle el aliento a cerveza. Le clavé la mirada. Quería que recordara siempre lo que había hecho y que yo, la chica que estaba debajo, había sido consciente de todos y cada uno de los minutos. Por mucho que deseara cerrar los ojos y evadirme de lo que sabía que iba a suceder, me obligué a no hacerlo. Mi cerebro gritaba «¡MÍRAME! ¡MÍRAME! ¡MÍRAME!».

Recuerdo el dolor. Tenía la boca tapada y seca por el pañuelo; creía que iba a asfixiarme. Simon estaba arrodillado sobre mis brazos, que me habían estirado por encima de la cabeza. Me estaban sujetando una de las piernas y la otra la habían subido por encima del respaldo de un asiento. Me desvanecí.

Niebla. Niebla gris. Niebla negra. Niebla roja.

Tenía los ojos abiertos, pero no podía fijar la mirada. No veía más que rostros observándome, expresando emociones que no era capaz de identificar. Lujuria, odio, control, ¿puede que hasta falta de control?

Recuerdo las lágrimas, tantas que tenía húmedo un lado entero de la cara. Sentí como si me desgarraran por dentro. Alguien repetía: «¡VENGA, TÍO, VENGA!». Warren se desplomó y se quitó de encima de mí al tiempo que me rodeaba un olor nauseabundo. Noté una humedad entre las piernas. Había perdido el sentido del tiempo.

Los tres se levantaron sin hacerme el menor caso. Simon me sacó el pañuelo de la boca y de pronto me vi sola. Oí la puerta del autobús abrirse y cerrarse, y luego un silencio vacío.

El resto de aquella noche, así como el día siguiente, son como un puzle que se hubiera caído y desparramado sobre el suelo. Jamás he conseguido juntar las piezas de nuevo. Sí, regresé al salón, pero ¿durante cuánto tiempo? ¿Qué hice? ¿Dónde estaban los chicos? ¿Qué les dije a mis amigas? No lo recuerdo.

Lo siguiente que recuerdo con claridad es limpiarme en el cuarto de baño de la residencia de enfermeras, ponerme un cinturón sanitario y una compresa porque seguía sangrando, lavar las bragas y tirar las medias a la papelera.

El día siguiente era domingo, así que no trabajaba. ¿Qué hice aquella mañana, la del día de después? No lo recuerdo. ¿Cómo llegué a casa aquella noche? Puede que llamara a mamá, tal vez hiciera autoestop. No lo sé. Lo que sí sé es que mamá entendió de forma instintiva que algo no iba bien y me llevó derecha a la cama, con ropa y todo. Llamó a la matrona del hospital y dijo que estaba enferma y que faltaría unos días.

¿Adivinó lo que había pasado antes de que se lo contara? Una década más tarde por fin pude hacerle la pregunta, mientras la cuidaba porque se estaba muriendo de cáncer.

—Soy tu madre; sabía que había pasado algo —respondió—. Pero no estaba preparada para lo que me contaste.

Mamá no tenía más que treinta y siete años cuando me violaron. Era una joven madre de dos adolescentes sin más apoyo familiar que papá, dado que todos nuestros parientes seguían viviendo en Christchurch.

Lo siguiente que recuerdo es que me despertó y me dijo que me había preparado un baño. Entré en el cuarto y me sumergí en el agua templada. Fue entonces cuando me di cuenta de que tenía moratones en los hombros, los brazos y las piernas.

—Si quieres, puedo entrar a lavarte el pelo —dijo mamá al otro lado de la puerta.

—No, puedo hacerlo yo —respondí a toda prisa, pero ella

pasó de todas formas. Sin decir una palabra, empezó a lavarme con ternura.

Reinaba el silencio, solo se oía el agua. Me eché a llorar; mamá me abrazó y rompió a llorar conmigo. Yo sollozaba, me atragantaba, me temblaba todo el cuerpo.

Mi madre era una mujer menuda, pelirroja y con una sonrisa bonita. La llamaban Fred, acortando el nombre de Freda. Fue una madre fantástica.

—Vamos a tener que hablar de ello, Ruthie.

Yo asentí. Me secó con la toalla, me ayudó a vestirme y me desenredó el pelo.

—Todo va a ir bien. Ya verás que sí. Vamos a esperar a que pase el día de hoy.

Tantos años después me confesó que habría querido disponer de tiempo para preparar a papá. Le preocupaba que «pusiera en fila a aquellos cabrones y les pegase un tiro».

El lunes me llevó a ver al doctor McQueen en Ranfurly, quien, después de examinarme, habló con mamá a solas mientras yo esperaba sentada con la enfermera en la recepción. Estaba segura de que a continuación iríamos a la comisaría, pero no fue así.

Papá apenas me dirigió la palabra los días después de la violación. Estaba callado y alicaído. Un recuerdo que tengo de él es que cada mañana lo oía silbar y cantar mientras trabajaba en la carnicería adosada a casa. Después de la violación, dejó de silbar y cantar. La casa se sumió en el silencio.

Yo volví a trabajar. Para entonces ya era primera cocinera y daba de comer a todo el personal y a los pacientes del hospital.

Al cabo de una semana o así, mamá me dijo que papá había

ido a ver al padre de Warren y que lo habían dejado todo «arreglado». No haría falta implicar a la policía. Nunca supe qué sucedió exactamente o qué discutieron, pero el horrible resultado fue que el padre de Warren le dio a papá cincuenta dólares que él me entregó a mí. El flamante billete no resolvía nada; lo único que hacía era que surgieran preguntas crueles y dolorosas: ¿iba a ser ese el precio de la violación o de mi silencio? Estaba enfadadísima. Era una rabia con la que cargué años.

Pasaron dos meses sin que me viniera la regla, por lo que entendí que estaba embarazada. Cuando mamá y yo se lo contamos a papá, salió de casa, se fue caminado hasta el hotel Ancient Briton y se emborrachó. El aborto nunca fue una opción. Seguiría en el hospital hasta diciembre. El trabajo era duro y pesado, con muchas horas y una gran responsabilidad para una embarazada de diecisiete años.

No se lo contamos a nadie fuera de la familia. En aquella época era común enviar a las chicas en estado a otra parte del país para que tuvieran al bebé y luego volvieran como si nada. La adopción de la criatura era la solución más lógica y sencilla. A la madre le quitaban el bebé en cuanto nacía, pensando que, si jamás lo veía, se recuperaría mentalmente con mayor rapidez.

Tenía que subir a Wellington en enero, cuando ya no fuera capaz de esconder mi barriga prominente. Viajé en tren hasta Lyttelton y luego tomé el ferry que comunicaba las dos islas a través el estrecho de Cook para arribar en la capital, donde estuve viviendo con mi tía Joyce y mi tío Bill.

El billete rojo de cincuenta dólares se lo dimos a ellos. A mí me sigue pareciendo que aquel dinero estaba manchado de sangre.

Mi hijo nació el 10 de abril de 1964. Nunca me dejaron verlo.

Cuatro años más tarde, el 10 de abril de 1968, el ferry Wahine, que hacía la travesía entre Lyttelton y Wellington, se hundió delante del puerto de la capital. Mientras la gente era testigo del terrible desastre marítimo, en el que murieron cincuenta y dos personas, lo único en lo que yo podía pensar era que mi hijo cumplía cuatro años.

6

A la Armada

Volví a casa en Naseby como si no hubiera pasado nada. Así comenzó mi vida de mentiras. Es algo que les pasó a muchas chicas en los años sesenta y setenta, porque tener un hijo fuera del matrimonio era inaceptable, punto. Todas aprendimos a vivir con ello. ¿Qué decir cuando te hacían preguntas a las que no podías responder con la verdad? «¿Dónde has estado? ¿Trabajando en Wellington? Te lo has debido de pasar fenomenal. ¿Para qué vuelves a Naseby?». No sabía si a mis primas y a mis tías les habían contado que había estado fuera para tener un bebé; esa parte de mi vida parecía haber sido borrada por completo. Ni siquiera sabía si mi hermana estaba al corriente.

Antes de que sucediera todo, me habían admitido en la Armada. Como es lógico, hubo que posponerlo, pero entonces me informaron de que podía entrar en agosto de 1964 como auxiliar de enfermería, con un contrato inicial de tres años. Las cosas estaban muy tensas en casa: la conversación ya no fluía con facilidad y sabía que mamá cargaba con la mayor parte del peso. Tenía que salir de allí. Enrolarme en la Marina era la respuesta más sencilla.

—Estará bien en cuanto llegue —oí que papá le decía a mamá.

La idea de convertirme en una *wren*, miembro del Women's Royal Naval Service, me interesaba, pero lo más importante era alejarme e iniciar una nueva vida en Oakland, el último paso hacia la negación total de lo que me había sucedido. Fui en tren de Ranfurly a Dunedin y luego tomé otro tren de allí a Picton. Crucé el estrecho de Cook en ferry antes de viajar en tren nocturno de Wellington a Auckland: catorce horas de trayecto.

A partir de entonces mi vida estuvo estructurada hasta el último detalle. Había que ponerse el uniforme a la hora precisa, prestar atención y mantenerla, hacer el saludo reglamentario, decir «Sí, señora» y «No, señor». Como para mí muchas de las normas no tenían sentido, al principio lo cuestionaba todo y no tardé en descubrir que, cuando una se enfrentaba al sistema, la castigaban. La asignación de turnos extra y la denegación de vacaciones se convirtieron en sanciones comunes durante mi brevísima carrera naval. En mi historial de la Armada se indica: «Le cuesta sentar la cabeza. Posee capacidades, pero le falta compromiso [...]. El personal sénior tarda en ganarse su confianza».

Después de la formación inicial, nos trasladaron a la Elizabeth House de King Edward Parade, Devonport. Construida inicialmente como el hotel Ventnor, ofrecía a las *wrens* un alojamiento fantástico, con vistas al resplandeciente puerto de Auckland. Contaba con una cocina y un comedor enormes, cuartos de baño espaciosos y una bella escalera. Los dormitorios, denominados camarotes, tenían que mantenerse impolutos: «¡Nada de dejar libros en la mesilla, *wren*!» era una orden que me dieron más de una vez.

Aprendí a conducir con el dinero que la abuelita me había dado al cumplir los dieciocho; el instructor me recogió a las puertas del HMNZS Philomel. No sé cómo se las ingenió, pero la abuelita había logrado guardar un chelín al mes tanto para Jill como para mí desde que nacimos hasta que dejamos la escuela. Con el dinero, mi hermana le compró a la abuelita una tostadora eléctrica y yo me pagué las clases de conducción. Luego papá me compró un Ford Prefect que me mandó hasta Auckland: era una de las pocas *wrens* que tenían coche propio y me sentía muy orgullosa.

La abuelita murió mientras estaba en la Armada. Aquel día me dispensaron de la obligación de cumplir el turno del hospital, pero me denegaron el permiso por motivos familiares, así que no pude asistir al funeral en Christchurch. Aquella fue la primera vez que me pregunté qué pintaba yo en la Armada. Empecé a pensar en salir con chicos por primera vez desde la violación, pero como medida de precaución primero me apunté a un curso de autodefensa que se impartía en Devonport. El profesor me preguntó:

—¿Qué es exactamente lo que te trae aquí?

—Quiero dejar de tener miedo.

—¿De qué tienes miedo?

—De los hombres. De que me violen.

—¿Te han violado?

Entonces lo miré a los ojos y respondí:

—Sí.

Aquello no volvió a mencionarse. Creo que algunas de las

otras mujeres que estaban en el curso debieron de responder algo parecido, porque el profesor se volcó en ayudarnos. Desde la primera noche nos inculcó todo lo necesario en supervivencia básica y habilidades de autodefensa.

—Nunca más volveréis a tener miedo, porque ahora podéis defenderos —señaló con firmeza. Nos enseñó cómo caer con los golpes, usando la fuerza del atacante para hacerle perder el equilibrio—. Al principio no echéis a correr, porque os atraparán. Lo que tenéis que hacer es colocaros en una posición en la que podáis atizarle en los huevos... y luego corréis.

Nos mostró a qué se refería: tenía toda la lógica del mundo. Nos dio unas lecciones rápidas de cómo colocarnos y mantener el equilibrio y luego llegó el as en la manga:

—¡Agarro los huevos, retuerzo y tiro! —gritó—. ¡Repetid conmigo! ¡Agarro los huevos, retuerzo y tiro!

Practicamos tirando de un calcetín que sostenía sobre el muslo, en el que había metido un par de pelotas, algo más grandes que unos testículos normales, sí, pero enseguida le pillamos el punto. Todas empezamos a reírnos mientras practicábamos la técnica de los «huevos». Poco a poco fuimos recuperando la confianza.

Al final del curso, ya no tenía miedo. Podía volver a plantearme lo de los novios porque ahora contaba con mi as en la manga.

Ejercer en el hospital naval era algo de lo que disfrutaba de verdad. Durante el primer año, asistíamos a clase todas las mañanas y estudiábamos el *Handbook of the Royal Navy*

Sick Berth Staff, el manual de quinientas ocho páginas que la Armada Real había publicado en Londres en 1959 para su personal de enfermería. Abarcaba numerosas especialidades médicas y enfermedades, la muerte inminente, cirugía, odontología, psiquiatría, farmacología y toxicología. Hacíamos prácticas en la unidad de mujeres, en la de hombres, en la quirúrgica, en el quirófano y en la minúscula unidad de aislamiento. Nuestra formación cubría todo lo imaginable que una asistente de enfermería necesitaba saber antes de salir a la mar. Así que, ¿por qué, después de tres años, acabábamos sin ningún tipo de cualificación? ¿Es que no podían asociarse con el principal hospital de Auckland y que estudiásemos para ser enfermeras diplomadas? ¿Por qué nunca embarcábamos, como hacían los hombres? A partir de 1986, las mujeres por fin pudieron prestar servicio en el mar, al principio en buques de no combate y, con el tiempo, en todo tipo de barcos.

Me habían recomendado para optar a *wren* dirigente, pero no me interesaba. La matrona Brown me quitó del trabajo en la unidad y me mandó al quirófano; pensaba que poseía las habilidades para ser una buena enfermera quirúrgica y esperaba que arraigara y me asentara. Yo de verdad que intentaba ser buena, pero como tantos años atrás había dicho mi abuela, no podía.

Al cabo de dos años y medio de restricciones y limitaciones de la vida militar, una mañana cargué sin más el Ford Prefect y puse rumbo al sur. Volvía a casa. La policía naval llamó a mi padre para explicarle que estaba «ausente sin permiso» y que, si aparecía en Naseby, debía contactarlos de inmediato.

Papá, que no era de los que se intimidan, replicó: «Si viene a casa, podrá quedarse en casa. ¡Si se ha marchado, es evidente que no quiere quedarse en el Ejército!».

La suerte me acompañó durante el descenso por la isla norte, pero se me acabó al llegar a la terminal del ferry. Una pareja de policías navales, ataviados con el uniforme reglamentario al completo, me detuvo. La escena fue memorable. Luego los tres nos embutimos en mi cochecito y ¡me ordenaron regresar a Devonport!

Una vez allí, el coche quedó requisado en el garaje del comandante y a mí me sometieron a libertad vigilada. No me enviaron a la cárcel, pero tenía a un policía militar apostado a la puerta de mi camarote por las noches y también me acompañaba al hospital todos los días. Debía presentarme de uniforme ante el oficial de servicio todas las noches a las 23.59. Me pusieron turnos dobles sin sueldo y me cancelaron los permisos durante seis meses. Era la primera *wren* y, con toda probabilidad, la única mujer en haberse ausentado sin permiso. Le había confesado al oficial encargado de mi defensa que mi intención nunca había sido terminar los tres años, por lo que no me había ausentado sin permiso, pero aquello fue justo lo contrario de lo que debería haber dicho. Enseguida me informaron de que podían acusarme de deserción, que era mucho peor.

Cuando caminaba por la base, me insultaban a la cara dando a entender no solo que estaba deseando escaquearme del Ejército, sino también del trabajo duro. Yo sabía que no era el caso.

Poco después me permitieron solicitar mi licenciamiento al comodoro. Acompañada de mi oficial defensor, el contramaestre Collins, me hicieron entrar en una sala donde tuve que quedarme en firmes sobre la alfombra delante de mi superior, que se mantuvo tras un pequeño escritorio. Le hice el saludo, señalé mi nombre, rango y número, seguido de mi petición. Como estaba castigada, era poco probable que aceptaran la solicitud de licenciamiento.

Y, por supuesto, no lo hicieron. No recuerdo cuántas veces me presenté ante él hasta que al final cedió y me licenciaron, no sin antes señalar lo decepcionado que estaba y que había dejado tirada a la Armada, y sobre todo a las *wrens*. Jamás llegaría a nada, me dijo. Sus críticas me entraron por un oído y me salieron por el otro, ¡qué iba a conocerme él!

Era noviembre de 1966 y mi carrera militar había terminado. El momento álgido había sido el día que pasé a bordo del submarino estadounidense Archerfish y me convertí en submarinista honoraria, dado que nos sumergimos en el golfo de Hauraki.

El día siguiente a mi partida, un amigo de la Armada me regaló una pastora alemana de dos años llamada Rewa. Creía que, además de compañía para el largo trayecto de vuelta a casa, necesitaba protección. Cargué el maletero de mi pequeño Ford Prefect, con Rewa alerta y nerviosa en el asiento delantero, y salí de Auckland. Nos dirigíamos al sur —lo más al sur que se puede llegar, de hecho—, a la isla Stewart, donde mamá y papá regentaban en aquel momento el hotel Oban.

HISTORIAS DE LAS LIBRERÍAS

SOLO LIBROS VERDES

Mi primera librería en Manapouri, 45 South and Below, era muy conocida en la zona. Sus paredes albergaban cada vez más libros, expuestos en todo tipo de estanterías, algunas de fabricación profesional y otras construidas por Lance.

Una señora de mediana edad entró un día en la tienda y, sin saludar, empezó a acumular libros con la cubierta verde. El montón iba creciendo conforme vaciaba los anaqueles. Me pareció un poco raro y, desde luego, no era una coincidencia.

—Qué colección tan curiosa de libros —terminé por comentar—. ¿Se ha dado cuenta de que algunos son raros... y bastante... caros?

—Ah, el precio no me preocupa —respondió—. Solo el color. Tengo una casa nueva y quiero que la biblioteca case con el resto de la decoración —concluyó con una sonrisa.

Yo no había oído jamás lo de una biblioteca con los colores a juego. Me quedé mirándola con incredulidad. Al cabo de unos veinte segundos de petrificado silencio, logré replicar:

—¡Pero mis libros son para leerlos! Me niego a venderlos solo para que alguien los meta en una biblioteca que sirva de decoración y se olvide de ellos. ¡No puede comprar ninguno!

—¡Estoy dispuesta a pagarlos! —replicó consternada.

—Pues yo no voy a vendérselos —espeté al tiempo que empezaba a devolver los libros a las estanterías.

La mujer recogió sus cosas y salió como un vendaval de la librería.

¿Una biblioteca con los colores a juego? ¡No con mis libros!

7

La isla de Stewart y el encuentro con Lance

Papá había visto un anuncio en el periódico en el que buscaban un director para el hotel Oban, en la isla de Stewart; se postuló y lo aceptaron. Mamá y él se lanzaron a una nueva aventura: levantar un hotel casi en quiebra después de que el anterior director un día se marchara sin más y abandonara la isla.

Atravesaron el estrecho de Foveaux en ferry desde Bluff, con el gato Beswick y la periquita Floyd. Lo primero que hizo mi padre fue despedir a todo el mundo en el acto. Me lo imagino diciendo: «Venga, panda de desgraciados, a hacer el petate. ¡Se acabaron las vacaciones!».

Se limpió de arriba abajo el hotel, se contrató nuevo personal, se plantó un pequeño jardín en la parte delantera y se volvieron a abrir las puertas. Mamá se encargaba del alojamiento y el restaurante, mientras que papá llevaba el bar. Él estaba en su elemento, sirviendo cerveza y jugando a las cartas; a veces echaba dos o tres partidas de *euchre* al mismo tiempo, todas alineadas a lo largo de la barra. Tras un año de silencio, volvía a cantar y a silbar.

Al llegar a la isla con Rewa, mi perra recién adoptada, me puse a trabajar de inmediato como cocinera. En aquella época aún no había electricidad: la gente tenía generadores que se apagaban por la noche y casi todos cocinaban con carbón porque el gas salía muy caro. Todo entraba en la isla por ferry y, en alguna ocasión, por hidroavión desde Invercargill.

Los enormes fogones de carbón de la cocina del hotel eran una maravilla, pero suponían madrugar para calentarlos a tiempo para los desayunos. Los comerciantes —de lo que llamábamos «el continente»— se quedaban durante la semana y volvían a casa sábados y domingos, así que nos ocupábamos de ellos igual que de los turistas que venían a pasar el día. Si hacía mal tiempo, nos preparábamos para recibir un número reducido de visitantes, pues muchos llegaban mareados y se pasaban las cuatro horas de su estancia en la isla sentados en el vestíbulo, preparándose mentalmente para el viaje de vuelta.

Si había mucho lío, mamá ayudaba a Rita, nuestra camarera, en el comedor. Un día de bastante jaleo, mamá entró en la cocina con la dentadura postiza partida en dos, justo por la mitad. La pegamos enseguida y la metimos en el horno para secarla. Papá llegó como una exhalación, con el ceño fruncido... Mala señal.

—La gente está esperando para comer. ¡Venga, daos prisa! —Entonces vio que a mamá le faltaban los dientes de arriba—. No te preocupes —dijo—. Tú no hables ni sonrías. ¡Se trata de alimentarlos, no de entretenerlos!

Sacamos la dentadura del horno, la pusimos bajo el agua fría y mamá volvió a sus quehaceres como si tal cosa.

Yo, cada noche, pelaba las patatas del día siguiente, llenaba de agua una cazuela enorme y echaba un carbón para que siguieran blancas. Podía preparar *scones*, bizcocho de manzana, tortitas, pastel de Madeira y tarta de chocolate sin tener que pesar los ingredientes, además de trinchar carne, rebozar pescado y organizar una cena rápida para cualquiera de los trabajadores que llegaran tarde.

Cumplí los veintiuno en la isla de Stewart. Mamá envió unas invitaciones de aspecto muy formal:

> Tenemos el placer de solicitar la compañía de __ con ocasión del vigésimo primer cumpleaños de Ruth, que se celebrará en el hotel Oban...

Mis padres me regalaron un transistor, recibí telegramas de amigos ausentes y algunos de los lugareños se quedaron a cenar con nosotros tras la fiesta. Mamá había escrito un menú especial en el papel membretado del hotel y papá tuvo la generosidad de abrir dos botellas del espumoso Première Cuvée de Corbans.

Para entonces, el bar era un hervidero; el hotel se había convertido en el punto de encuentro de la pequeña comunidad de pescadores.

En 1967 se produjeron tres acontecimientos importantes. Primero, en julio Nueva Zelanda abandonó la libra esterlina y adoptó el dólar, con su sistema decimal. Después, en octubre, acabaron cincuenta años del *six o'clock swill*, «el último trago de las seis en punto», pues el sesenta y siete por ciento de los votantes apoyaron la moción de abrir los pubs hasta las diez de la noche. Por último, en el Viernes Negro de aquel mismo mes apareció la siguiente nota breve en el periódico local.

> Últimas noticias: El Sr. Shaw y la Srta. R. Hobday se han comprometido.

Había conocido al amor de mi vida.

Lance Shaw era pescador y trabajaba para Micky Squires a bordo del Rosalind, cogiendo cangrejos y arrastrando las redes al este del río Lords. Calzaba botas de goma hasta el muslo y vaqueros y tenía el pelo oscuro y barba. A veces venía al hotel a tomar algo. Rita y yo lo veíamos bajar por el muelle o comprando en la única tienda de la isla, al otro lado de la calle del hotel. Era el tipo más guapo del lugar.

De vez en cuando se celebraba un baile en el pequeño salón comunitario, al que asistían sobre todo los pescadores y sus esposas, los solteros y las poquísimas chicas libres. Una de esas noches, vi a Lance sentado en el suelo con la espalda en la pared, tocando una guitarra roja mientras una mujer de grandes pechos descansaba a su lado. No creo que aquella primera vez se fijara siquiera en mí; ¡yo no tenía semejantes atributos para atraer su atención!

Ninguno de los dos recuerda nuestra primera cita, pero enseguida empezamos a vernos con regularidad. Por fin sentía que había algo real en mi vida: estaba enamorada. Lance se enfrentó a la furia de mi padre en numerosas ocasiones a lo largo del año siguiente, respondiendo siempre con su cortesía y amabilidad características. Mamá lo adoraba, pero papá se ponía en modo rey del gallinero cuando se trataba de sus hijas.

El servicio aéreo a la isla de Stewart había comenzado en marzo de 1951 y, para octubre de aquel año, llegaban dos hidroaviones de Invercargill que también prestaban servicio a Wakatipu y el lago Te Anau, dando acceso a numerosas partes remotas y desconocidas de Fiordland. Se descubrieron cinco nuevos lagos y se seleccionaron más de ciento veinte puntos de amerizaje en cincuenta y dos vías de agua autorizadas.

Cuando el presentador Selwyn Toogood visitó la isla de Stewart en octubre de 1968 fue un acontecimiento memorable. Era conocido en toda Nueva Zelanda por su concurso televisivo *It's in the Bag*, así que una multitud se agolpó en la playa cuando el hidroavión apareció en el cielo con aquel gran hombre, y su gran personalidad, a bordo. Conforme se acercaba, nos dimos cuenta de que el aeroplano había bajado las ruedas y, poco después, contemplamos con horror cómo hincaba el morro en el agua.

La fuerza del impacto hizo estallar el parabrisas y la espuma blanca pronto cubrió la nave y se introdujo en la cabina. Entonces desapareció de la vista. Todos nos quedamos consternados y luego sentimos un gran alivio al ver resurgir el avión… bocabajo. Algunos pescadores se apresuraron a coger los botes y empezaron a remar hacia allí mientras los pasajeros permanecían colgados de los cinturones de seguridad, con la cabeza a pocos centímetros del agua.

El piloto no tardó en liberarse y ayudar a los demás a salir de la nave y subirse a los botes. Todos menos Selwyn Toogood. El pobre hombre era demasiado grueso para zafarse y salir por sí mismo por la escotilla. Contemplamos con nerviosismo desde la playa cómo el avión comenzaba a hundirse poco a poco mientras dos hombres se colocaban junto a la escotilla y, con gran esfuerzo, lo extraían. ¡Nuestro célebre visitante había llegado de un modo muy poco ceremonioso!

El presentador necesitaba ropa seca, pero mamá no encontró nada en la isla de una talla que le cupiera. El salón comunitario estaba a rebosar para ver el espectáculo aquella noche y todo el mundo hablaba del accidente del hidroavión. Selwyn apareció en el escenario con una enorme sonrisa y todos lo vitoreamos y aplaudimos. Iba envuelto en una manta que mamá le había sujetado con imperdibles y, sin sus gafas de rigor, dio la bienvenida a todo el mundo y nos ofreció su show como si no hubiera pasado nada.

Yo seguía siendo católica y quería casarme por la Iglesia, así que una vez cada quince días, Lance se reunía con el sacerdote visitante, que venía desde Invercargill. En su «Instrucción sobre los matrimonios mixtos», el Código de Derecho Canónico señalaba:

> La parte acatólica, con la debida delicadeza pero en términos claros, debe ser informada sobre la dignidad del matrimonio, y especialmente respecto a sus principales propiedades, como son la unidad y la indisolubilidad. A esta misma parte acatólica se le

> debe hacer presente la obligación que tiene el cónyuge católico de tutelar, conservar y profesar su propia fe y de hacer bautizar y educar en ella a la prole que pueda nacer.

Fue esta última frase la que echó todo por la borda. Lo único que Lance quería era casarse conmigo. Aceptó a regañadientes convertirse al catolicismo, pero hasta el último día de instrucción el sacerdote no le dijo que sus hijos también deberían criarse en la fe católica. Lance siempre ha sido extremadamente sincero y aquello no podía aceptarlo sin más. Sus hijos disfrutarían de libertad para elegir su propio camino, sin que se lo impusiera una religión en la que él mismo ni siquiera creía.

Mi madre se había hecho católica para casarse con papá, por lo que a Jill y a mí nos habían educado en el catolicismo. Sentía que si abandonaba la fe estaría decepcionándola: yo seguía a ciegas las consignas de nuestra fe y, como no había forma de que Lance y yo alcanzáramos un acuerdo al respecto, llegamos a un callejón sin salida. El compromiso se rompió.

Para entonces, el vestido de novia estaba terminado, las invitaciones impresas (aunque no enviadas), los anillos fabricados (en oro de la mina de papá) y la iglesia reservada. A los dos nos asombró que todo se viniera abajo tan rápido. Yo me quedé destrozada y Lance, deshecho, dejó de inmediato la isla.

No tardé mucho en volver a cargar el coche y poner rumbo norte a Wellington. Lo de hacer las maletas y marcharme tras una calamidad ya se había convertido en un tema recurrente de mi joven vida.

Pasarían veinte años antes de que volviera a verlo.

HISTORIAS DE LAS LIBRERÍAS

CÓMO NO LEER UN LIBRO

Una pareja entrada en años llegó a la librería y, tras un breve saludo, se lanzó a lo que parecía una costumbre muy practicada de buscar el libro que querían. El caballero se quedó fuera, examinando metódicamente los libros de las mesas y baldas, mientras su esposa revisaba todos los ejemplares de las estanterías del interior, guiándose con el índice estirado. Ambos estaban muy concentrados y en silencio. Al cabo de un rato, se reunieron delante del mostrador con un libro contra el pecho y un brillo de deleite similar en los ojos.

—¿Qué te parece este, Arthur? Tiene algo de historia de amor, pero también es un libro valiente. *Once minutos*, de Paulo Coelho.

El hombre echó un vistazo al ejemplar, lo hojeó, leyó la recomendación de la cubierta y se lo devolvió.

—No es de nuestras lecturas habituales. ¿Te apetece?

—Es un autor superventas, así que sí, me interesa.

Me pregunté si se había dado cuenta de que, tras la premisa de una historia de amor, se escondía el relato, emotivo hasta el extremo, de una joven prostituta.

—Bien, pues nos lo llevamos. Mira el que he encontrado yo, Joyce —dijo Arthur, tendiéndole a su mujer el libro que sostenía.

—Otra historia de guerra —observó ella con un deje de decepción apenas disimulado.

—Será una lectura sencilla. ¿Qué te parece?

—Venga, llevémonos los dos. —Y ya. Decidido.

Para entonces varias preguntas bullían en mi cabeza.

—Entonces ¿los dos leéis todos los libros que compráis juntos?

—Ay, sí, es lo que hace que resulte tan interesante. Luego hablamos de ellos —respondió Joyce.

—¿Alguna vez dejáis de leer un libro que ya habéis empezado?

Arthur me miró con perplejidad.

—No, nunca nos ha pasado. Leemos todos los libros.

—¿Y los libros con los que no estáis disfrutando? Ahora que he rebasado los setenta, si un libro no me atrapa en los primeros capítulos, lo abandono. No tengo tiempo para leer todos los títulos que quiero; no puedo perderlo con algo que no me satisface.

—Nosotros no tenemos ese problema; seguimos un método —explicó Arthur—. Joyce lee las primeras cien páginas del libro y yo las cien últimas. Luego los ponemos en común y rellenamos los huecos.

Me costó un instante comprender lo que me estaba diciendo. Joyce estaba a su lado y asentía con la cabeza.

—Funciona bien —confirmó—. Y así tenemos tiempo para leer más libros.

Calculaban que leerían unos cinco a la semana.

—Pero ¿y la trama? —pregunté—. Podrían aparecer nuevos personajes o producirse un giro increíble a la mitad, o puede que alguien del comienzo del libro muera por el camino y ni siquiera se mencione hasta el final...

Joyce me interrumpió.

—Da igual, en serio. Nos contamos lo que pasa y ya.

Les cobré los ocho dólares y, según los metía en la hucha de la fundación para ciegos, comenté:

—La verdad es que tengo que pensar en vuestra técnica de lectura. Me alegro de que os funcione. ¿Queréis que os cuente un poco sobre lo que sucede hacia la mitad de *Once minutos*?

—¡No, no! —exclamaron los dos de inmediato—. ¡Nos arruinarías la trama entera!

8

Trabajando para el arzobispo

Paré al llegar a Wellington y me quedé unos días con mis tíos mientras buscaba trabajo. Estábamos en 1968. Había vivido con ellos durante el embarazo, por lo que estaban acostumbrados a cuidarme mientras intentaba rehacer mi vida. Mi maravillosa tía Joyce se mostró, como siempre, llena de compasión: «Ay, Ruthie, estaba segura de que ibas a sentar la cabeza. Lance parecía estupendo». Mi tío me ofreció apoyo a su manera: «Levando anclas de nuevo, ¿eh, tesoro?».

Me presenté al puesto de cocinera para los sacerdotes de la casa rectoral de la catedral del Sagrado Corazón, situada en Guildford Terrace, en el barrio de Thorndon. Me entrevistó el padre Bernard «Totty» Tottman y dijo que, desde luego, estaba cualificada para el trabajo, pero que le preocupaba mi edad, ya que solo tenía veintidós años. Las mujeres que trabajaban en las casas rectorales solían ser mucho mayores que yo y, como allí residían cuatro sacerdotes jóvenes, me respondió que tendría que hablar con el arzobispo McKeefry.

Al día siguiente, Totty me confirmó que había obtenido el puesto. Me mudé a su piso independiente en la parte trasera de la casa rectoral y empecé a cocinar para seis hombres hambrientos. Kath era la sirvienta, una mujer mayor que madrugaba todas las mañanas para poder ir a misa antes de entrar a trabajar. Vivía para su oficio y era extremadamente protectora con los curas. Al principio le costó aceptar que una mujer joven trabajara en la cocina, pero acabamos por hacer buenas migas (¡aunque yo no fuera de misa diaria!).

Totty era un encanto. Dirigía la casa rectoral con un paternalismo tranquilo y siempre animaba a todo el mundo. Yo les limpié de arriba abajo la cocina y el comedor, reorganicé la despensa e introduje a todo el mundo mi cocina experimental, que les encantó.

El arzobispo McKeefry desayunaba solo, pues prefería comer más tarde que el resto. Yo le servía y, a menudo, me sentaba al otro lado de la gran mesa y charlaba con él. Me decía que había llevado el sol a la casa y le gustaba que cantase mientras trabajaba. Jamás le conté nada de Lance; todavía me dolía demasiado hablar de él. Una vez me preguntó por qué no tenía novio: «¿Por qué vienes a cocinar para nosotros, Ruth? Quizá vayas a ser monja. ¿Alguna vez te lo has planteado?». Reconocí que lo había considerado, ¡aunque por poco tiempo!

Cuando Kath libraba, le hacía la cama al arzobispo y le ordenaba el despacho. En su armario colgaban varios ornamentos litúrgicos con bordados primorosos y una mitra (el sombrero de obispo), plegada sobre una cajonera interior. Un día no lo pude resistir: me la puse y empecé a mirarme en el espejo de cuerpo entero.

—La verdad es que no te favorece, Ruth. Te queda grande.

—Allí estaba el arzobispo, de pie en el umbral y sonriendo de oreja a oreja—. ¿Quizá eres demasiado bajita para llevar un tocado como ese?

A principios de diciembre preparé pudin de Navidad, lo guardé en la despensa y fui poniéndole brandi cada pocos días. Olía de maravilla. Las Navidades son una época muy agitada para los sacerdotes: la gente se presenta con regalos, llegan curas y monjas de visita, se celebran misas extra, se reza el rosario, hay ensayos adicionales del coro, visitas a hogares y van a confesarse más feligreses de los habituales.

La comida de Navidad estaba prevista para las doce y media: de cuatro platos, en una mesa decorada con primor y con un regalo para cada sacerdote. Yo no tenía ni idea de qué comprarle al arzobispo, así que acabé escogiendo un par de pececillos en una gran pecera redonda, con algas y rocas. La tía Joyce me miró horrorizada.

—¡Ruth, no puedes llevarle unos peces al arzobispo por Navidad!

—Pero, tía —respondí—, ¿alguna vez has probado a comprarle un regalo de Navidad a un arzobispo?

Durante la comida hubo muchas risas, se bebió vino y se abrieron los regalos. El arzobispo quedó encantado con sus peces, para gran sorpresa de todos salvo mía. Por fin era el momento de sacar el pudin, que serviría con salsa de brandi y nata. Calenté al gas un poco del destilado en un cucharón y lo llevé al comedor para verterlo sobre el postre. El arzobispo esperaba con una cerilla para prenderlo. Cuando la llama entró en contacto con el pudin, estalló como una pequeña bomba y las llamaradas azules se extendieron por todo el bizcocho y se derramaron por la bandeja. Totty, presa del pánico, echó por encima la servilleta de lino. Se puso negra, pero extinguió el fuego. Una vez superado el susto, todos rompimos a reír y sentí alivio al ver que el arzobispo no se había quemado su reverenda mano. Me invitaron a sentarme y a compartir con ellos aquel sensacional pudin.

El 30 de diciembre, recibí una carta del arzobispo:

> En esta época del año suelo anunciar a los sacerdotes los distintos traslados y nombramientos para el año próximo. No es habitual trasladar a las sirvientas [...], así que he decidido no hacerlo, sino pedirte que tengas la amabilidad de quedarte otro año en el Sagrado Corazón.
>
> Siempre he pensado que los curas, y en especial los jóvenes, deben alimentarse con lo mejor y en gran cantidad. Quiero que tengas esto muy en cuenta el año próximo y que procures que los miembros de la casa y quienes vienen de vez en cuando puedan disfrutar de lo mejor que se les pueda ofrecer.
>
> Sé que esa ha sido nuestra máxima desde que viniste y te pido que mantengas y, si es posible, superes el nivel el año que viene. Soy muy consciente de la elevada dignidad de los sacerdotes que me visitan, así que confío en que les ofrecerás un tratamiento tan honroso como merecen estos estimables caballeros.
>
> Sinceramente en Cristo,
>
> EL ARZOBISPO

Me quedé hasta abril del año siguiente. Para entonces, el arzobispo se había convertido en el primer cardenal de Nueva Zelanda y a mí me acuciaba cada vez más la necesidad de seguir moviéndome. Totty me escribió una carta de referencia excelente, los curas jóvenes me abrazaron cuando me despedí y luego me dispuse a emprender mi siguiente aventura: navegar por el Pacífico.

HISTORIAS DE LAS LIBRERÍAS

VIDA DE UN TRACTOR

George es nuestro farmacéutico local. Su establecimiento, que dirige con su esposa, Michelle, se encuentra en Te Anau, a veinte minutos en coche de Manapouri. Antes pilotaba aeroplanos en sus ratos libres, pero tras un accidente bastante espectacular, que según él lo dejó «magullado», prefirió dedicarse a navegar y ahora forma parte de la tripulación de Lance en su Noelex 22.

La pareja construyó una casa en una finca de una hectárea y media a las afueras de Te Anau y a George se le presentó la oportunidad de adquirir un tractor Ferguson TEA, parecido al que sir Edmund Hillary se llevó a la Antártida. Se lo compró a un charlatán de Queenstown que, por lo visto, lo había sacado de una cuneta y lo había pintado de rojo en lugar de dejarlo del típico gris.

George usa el tractor más que nada para mover cosas de aquí para allá, disfrutando del ruido del motor mientras se zarandea en la cabina y sueña con jubilarse dentro de catorce años. Se ha comprado una desbrozadora y anda buscando un juego de discos montados para construirse un huerto, pues quiere empezar a cultivar una cantidad ingente de verduras. Su objetivo es convertirse en el «hombre del brócoli —o de la patata— de Te Anau».

Su libro favorito, *The Garden in the Clouds: Confessions of a Hopeless Romantic* [*El jardín en las nubes: confesiones de un romántico empedernido*], que ganó el premio al libro del año sobre actividades al aire libre del National Trust en 2011, lo habrá leído como mínimo cuatro veces. El autor, Antony Woodward, compró Tair-Ffynnon, una parcela abandonada a cuatrocientos metros de altura en las Montañas Negras de Gales. Cuenta la historia de un sueño increíblemente ambicioso: crear en un año un jardín merecedor de incluirse en el prestigioso «libro amarillo», la guía *Gardens of England and Wales: Open for Charity* de jardines abiertos al público con fines benéficos de Inglaterra y Gales.

Si George adoraba el libro de Woodward era porque el autor no solo tenía un tractor, sino que hacía cosas que eran una auténtica locura, puede que un poco como él mismo. A mí también me encantó el libro, pues está escrito con humor y sembrado de anécdotas y datos curiosos.

George buscaba otro libro que leer, así que lo lógico era que siguiera con el galardonado *A Short Story of Tractors in Ukrainian* [*Una breve historia de los tractores en ucraniano*], de Marina Lewycka. Cuenta la historia de Nikolái, un ucraniano de ochenta y cuatro años que se enamora de la joven Valentina, otra compatriota. Se casan y el matrimonio le inspira al anciano ciertas fantasías sexuales que van bastante más allá de sus capacidades físicas. A lo largo del libro hay breves capítulos sobre la historia del tractor, un libro que Nikolái está escribiendo. Sabía que a George le iba a encantar.

Estoy convencida de que existe un libro para cada persona y me asombra la frecuencia con que el ejemplar perfecto se encuentra en una balda de mi pequeña librería, que no llega a los mil títulos.

9

Todos a bordo

Por feliz que fuera trabajando en la casa rectoral, seguía huyendo de la creciente desesperanza que me embargaba por los difíciles últimos años de mi vida. Lo único que podía hacer era continuar moviéndome y adelantándome al desesperado torbellino de pensamientos que amenazaba por engullirme si permanecía quieta demasiado tiempo.

¿Qué había sido de Lance? ¿Y qué había sido de mi hijo? La Ley de Adopciones de 1955 determinaba que, legalmente, no podía tratar de buscarlo hasta que cumpliera los veintiuno, y para eso quedaba una vida entera. Un hambre cada vez mayor me devoraba. Veía la cara de un niño desconocido entre la multitud y me preguntaba si ese sería mi hijo. Mucho más tarde descubriría que, durante el tiempo que estuve en Wellington, él, que había sido adoptado por una familia católica, vivía a solo diez minutos. Pero en aquel momento todo me provocaba claustrofobia. Necesitaba alejarme, incluso todavía más que antes. La oportunidad de dejar Nueva Zelanda ofrecía la huida perfecta de una desesperanza cada vez mayor.

El Cutty Sark era un velero famoso a nivel local, bautizado en honor al clíper del siglo XIX botado en Lyttelton en 1946, el mismo año en que yo nací.

El barco había tardado décadas en ver la luz. A los diecinueve años, Henry Jones había diseñado el proyecto sobre el papel: dieciocho metros de eslora, 3,8 metros de manga, cuarenta y ocho toneladas de peso. En 1929 se encargó el envío desde Inglaterra de ocho toneladas de roble del país, que acabaron llegando en 1931. A continuación, la madera se trató dejándola sumergida siete años en la costa de Redcliffs, Christchurch. De Estados Unidos se importaron dos mástiles de Oregón para armar el palo mayor y la mesana.

El interior incluía un piano junto a una chimenea abierta en el salón para la esposa de Henry Jones y un baño a popa de su camarote. En total, tardó veintitrés años en construirse y costó treinta mil libras.

En 1969, cuando me uní a la tripulación, tenía un solo palo con aparejo Marconi y un motor Fordson de cuarenta y cuatro caballos de vapor. El velamen contenía once velas, incluidas tres de fortuna de lino. El *spinnaker* principal tenía 186 metros cuadrados, y el spí para traveses, 116. Bill Bradley lo había adquirido en 1953 y con él había competido en la regata Whangarei-Numea y en la Sídney-Hobart. En los primeros tiempos de esta última, todos los veleros estaban construidos en madera: cúteres de gran desplazamiento, balandras, yolas, goletas y queches estaban más concebidos para el crucero que para la competición, por lo que el Cutty Sark encajaba bien.

En 1966, Basil Fleming se convirtió en su propietario. Su sueño era navegar por el Pacífico.

Zarpamos de Wellington el 29 de junio de 1969, un día

antes de cumplir los veintitrés. Esa fecha me pilló entre el cabo de Secuestradores y Napier, con una horrorosa combinación de fuertes mareos y escandalosa diarrea. Me puse como pude un arnés de seguridad, me enganché al antepecho de popa, me bajé el pantalón y asomé el trasero por la borda para que las olas me lo lavaran. Al mirar al frente, vi que salía humo del tambucho central, pero me encontraba tan mal que las llamas podrían haberme chamuscado el culo sin que reuniera energías para gritar «¡fuego!». Me aferré a la borda, con los ojos como platos y desnuda de cintura para abajo, mientras dos tipos extinguían el incendio. Lo había causado una fuga de aceite que goteó sobre un cable pelado. ¡Feliz cumpleaños, Ruth!

Una parada técnica de dos días en Napier supuso un alivio bienvenido, aunque breve, ya que a las veinticuatro horas de dejar el puerto nos topamos con una tempestad austral de cincuenta y cinco nudos. Esa vez, más de la mitad de la tripulación estaba agarrada al parapeto junto a mí. Pero para el tercer día yo había superado el mal de mar, el océano estaba en calma y había salido el sol. ¡Qué rápido puede pasar una de querer tirarse por la borda a sentirse exultante por estar viva en mitad del vasto y sereno océano azul!

El trabajo en cubierta me encantaba: era emocionante, aterrador y a menudo peligroso cuando se cambiaban las velas pesadas. Disfrutaba haciendo guardia las noches estrelladas, oyendo el mar y la charla reconfortante de velas y cabos. Me sentía libre por primera vez desde que era niña.

Durante los siguientes cuatro meses, navegamos con los vientos alisios hasta las islas Cook, atravesamos las islas de la Sociedad (incluidas Tahití, Moorea, Huahine, Raiatea, Tahaa y Bora Bora) rumbo al atolón de Palmerston y luego a Samoa Estadounidense y a Samoa Occidental. La temporada de ciclones en esa parte del Pacífico va de noviembre a abril, por lo que la idea era llegar a Suva (Fiyi) para finales de octubre.

Fue en agosto cuando amarramos popa en la orilla que discurre a lo largo de la calle principal de Papeete, en Tahití. En mi diario escribí: «Recibidas quince cartas. Me estoy quedando sin blanca; el dólar neozelandés no vale nada, el estadounidense a noventa y cinco francos. Todo es muy caro y casi nadie habla inglés».

Necesitaba encontrar una forma de ganar dinero. La tripulación no recibía salario alguno y todos debíamos contribuir para pagar la comida. Mi padre me había dicho que uno siempre tenía al alcance la solución a los problemas; solo había que buscar oportunidades. El mercado estaba a una distancia razonable a pie del barco y había acudido cada mañana desde que arribamos para comprar fruta fresca, verdura y pescado. Los vendedores empezaban a reconocerme y, aunque no podíamos mantener una conversación en inglés, francés o tahitiano, me las ingenié para averiguar el precio por día de un pequeño espacio en el suelo. Tenía tres mazos de cartas; iba siendo hora de que sirvieran para algo.

Me coloqué junto a una gruesa *vahine* tahitiana que vendía conchas, tallas de madera y caparazones de tortuga. Con ayuda de un hombre joven, escribí un cartel en francés: *JEU DE CARTES: APPRENEZ À JOUER AU PONTOON!*, ¡JUEGO DE CARTAS: APRENDA A JUGAR AL VEINTIUNO! Las apuestas estaban prohibidas, así que no mencioné nada de dinero.

La primera mañana, enseñé a la gente a jugar. Hubo muchas risas, lo que atrajo a un gran gentío. La segunda mañana, un grupo de hombres me estaban esperando para que dispusiera la timba. Se acuclillaron a mi alrededor y dejaron el dinero delante de ellos, cubriéndolo con la ropa holgada. No hubo nada que discutir: todos sabíamos que estábamos infringiendo la ley. Un hombre me sonrió, movió los ojos con deliberación a izquierda y derecha y luego asintió con la cabeza. Yo no me moví, solo levanté la vista lentamente y vi que había apostado «centinelas» a nuestro alrededor. Entonces dio un golpecito en el suelo: ¡hora de jugar!

Jugamos tres mañanas en el mercado y luego en la playa a última hora de la tarde. Para entonces había ganado cinco mil francos (cincuenta dólares estadounidenses), así que me compré un par de sandalias por trescientos noventa y cinco y un pareo por doscientos cincuenta.

Cuando, ansiosa, llegué la cuarta mañana al mercado, advertí de inmediato que algo no iba bien. Mi rincón estaba vacío, no había nadie esperando para jugar ni tampoco centinelas. Sabía que me había metido en un lío. Me di la vuelta para marcharme, pero un par de gendarmes me pararon y señalaron su vehículo para darme a entender que estaba detenida.

Como no me habían pillado apostando como tal, alegaron que era por vagabundeo. Solo llevaba doscientos francos encima. Me habían sellado el pasaporte al llegar, así que me encontraba en la Polinesia Francesa de forma legal, pero me lo había dejado en el barco. Habría sido fácil acompañarme allí para cogerlo, pero por lo visto esa solución no les valía. El oficial que me interrogó hablaba inglés, así que le pregunté si podía llamar a Nueva Zelanda a cobro revertido para que confirmasen mi identidad. El hombre aceptó. La diferencia horaria hacía que fueran las seis de la mañana en mi país, pero, de milagro, mi padre estaba despierto y respondió al teléfono.

—Al habla la policía de Papeete, señor. Tenemos a su hija Ruth en custodia. La hemos detenido por vagabundeo.

Tras una breve discusión, el policía le preguntó a mi padre:

—¿Tiene dinero suficiente para pagar su vuelo de regreso a Nueva Zelanda?

Se produjo un silencio, el oficial negó con la cabeza, colgó el auricular y me miró estupefacto. Mi padre le había dicho que era capaz de cuidarme sola y ¡le había colgado! Sí, así era mi padre. A mí no me sorprendió.

—Tiene razón. ¡Sé cuidarme sola! —espeté—. Lléveme de vuelta al barco. Verá mi pasaporte y que tengo dinero.

Para entonces los lugareños habían informado a la tripulación de que me habían detenido y un puñado de miembros se presentó en la comisaría. Testificaron que no era una vagabunda, por lo que me soltaron, pero nos ordenaron abandonar Tahití. Una vez que el control de inmigración y aduanas aprobó nuestra partida, fui al mercado a comprar comida para el trayecto de doscientos diez kilómetros a Huahine. Encontré a mis amigos de partida, le pasé a uno de ellos un mazo de cartas y me despedí a toda prisa.

La travesía de Bora Bora a Aitutaki fue larga, seis días en el mar con vientos ligeros y jornadas muy calurosas. Mi diario reza:

> Cuando arribamos a la costa, nos dijeron que acababan de sacar del agua a un niño de nueve años. Fui corriendo hasta él y, al ver que no tenía pulso, le desobstruí la garganta y empecé a hacerle el boca a boca. Seguí hasta que llegó un médico y certificó su muerte. Estoy muy disgustada.

La siguiente entrada dice:

> Tuve que escribir una declaración a las 08.30 y luego asistir a la investigación a la 13.00 y al funeral a las 14.30. Lo han enterrado en una pequeña tumba del jardín delantero. La familia ha sido muy amable conmigo, quería hacerme regalos. No puedo parar de llorar.

Fue mientras nos encontrábamos en Samoa Estadounidense cuando nos topamos por primera vez con el gran navío sueco Svanen (que significa «cisne») y sus nueve tripulantes. Al igual que nosotros, se dirigían a Suva para la temporada de ciclones atravesando el archipiélago de Samoa y Niuafo'ou, la isla más al norte de Tonga.

Peter, un periodista australiano, formaba parte de la tripulación del Svanen. A lo largo del siguiente mes nos hicimos uña y carne, explorábamos las islas a dos y permanecíamos juntos en tierra siempre que podíamos. Al llegar a Suva, se trasladó al Cutty Sark cuando la tripulación entera del Svanen dejó el barco.

Llevamos el Cutty Sark al varadero oficial de Suva, ya que necesitaba algunas reparaciones y eso suponía sacarlo del agua para hacerle el mantenimiento. Peter y yo habíamos decidido volar juntos a Brisbane cuando el Cutty Sark estuviera de vuelta en el agua, ya que los dos necesitábamos un trabajo remunerado. Para mi sorpresa, me pidió que me casara con él.

—¿Por qué esperar? —dijo—. Casémonos ya.

La tarde siguiente, nos dirigimos al mar con otros cinco miembros de la tripulación y Bazil, el patrón del Cutty Sark. La ceremonia fue breve: yo lucía un vestido blanco informal y una enorme sonrisa mientras intercambiábamos los votos. No era una ceremonia oficial, pero la idea era celebrar la boda cuando estuviéramos instalados en Australia.

Llamé a casa y le conté a mamá que Peter y yo íbamos a dejar Fiyi y a volar a Brisbane, puesto que le habían ofrecido trabajo en un periódico australiano. La gran noticia por mi parte era que nos habíamos comprometido y que íbamos a casarnos: nada ostentoso, seguramente en la oficina de registro.

Noté cierta inquietud en la voz de mamá.

—¿Estás segura? No lo conoces desde hace mucho tiempo… ¿Por qué no vuelves primero a casa?

Regresar no era una opción porque sabía que, en cuanto lo hiciera, entraría en barrena pensando sin parar en mi hijo. Si permanecía lejos, podía seguir inmersa en esa vida a mil por hora, con un montón de riesgos y cambios de rumbo constantes.

Eso no se lo podía contar a mamá.

Pero ahora que iba a abandonar el Cutty Sark y volver a tierra, tal vez —solo tal vez— dejara de huir.

HISTORIAS DE LAS LIBRERÍAS

MÁS EXTRAÑO QUE LA FICCIÓN

Inger lleva toda la vida viviendo en Manapouri. Su familia es propietaria del hotel y del camping desde hace mucho, por lo que junto a sus tres hermanos ha visto crecer nuestra pequeña localidad.

Años atrás, en una de las numerosas cabañas en la zona de camping, encontró unas cajas de libros viejos que habían pertenecido a la biblioteca comunitaria de Manapouri. Condujo hasta mis librerías y, con la mayor de las sonrisas, me dejó una colección curiosísima, incluida una novela de Frank G. Slaughter con una ilustración picantona en la cubierta, en la que una pareja se abrazaba con tanta pasión como poca ropa. Inger lo había elegido específicamente porque se titulaba *La canción de Ruth*. ¡Le había parecido la monda!

Pero lo que sí es una coincidencia interesante es que, años antes, un amigo británico, Jeff Gulvin, había publicado una novela bajo el seudónimo de Adam Armstrong titulada *Song of the Sound* [*Canción del sonido*], ambientada en Fiordland y las islas subantárticas, en la que de hecho yo hacía acto de presencia, aunque quien más salía era Lance.

Lance, a quien el autor cambió el nombre por John-Cody Gibbs, es el protagonista, junto con nuestro barco chárter, el Breaksea Girl. El eslogan del libro dice: «Una historia inolvidable de amor y aventuras ambientada en uno de los últimos lugares vírgenes del planeta». En el libro yo me llamo Mahina y, por desgracia, mi presencia es breve: el personaje muere al principio de la trama para que el rudo marido, John/Lance, pueda tener una apasionada relación con una joven que ha llegado a Fiordland a estudiar los delfines.

Jeff vino de Inglaterra y se quedó con nosotros mientras escribía el libro, alojado en un pequeño apartamento independiente adosado a nuestra casa. Una mañana vino a verme y me dijo:

—Hola, Ruthie. He pensado que debía avisarte de que Mahina tendrá que morir al principio de la historia. Lo siento.

—¡¿Cómo?! ¿Que vas a matarme? ¿Y qué le va a parecer a Lance, o más bien a John-Cody?

—Bah, para él no va a ser tan terrible. Luego encuentra un nuevo amor.

—Vaya, pues muy bien, ¡qué suerte la suya!

El libro fue superventas en los Países Bajos y otras partes de Europa en 2003. En aquella época teníamos nuestra primera librería, 45 South and Below, y vendí más de cincuenta ejemplares. A menudo llegaba a la oficina y me encontraba gente esperándome, abrazada a su libro y sonriendo con entusiasmo al verme aparecer. Todos eran fans acérrimos de Adam Armstrong. Querían ver dónde dormía, dónde había escrito el libro; querían pasear por nuestro patio trasero (mencionado en la novela) y echar una ojeada al cuarto de baño (¡que también aparece mencionado!).

Hasta nos visitó un director de cine interesado en hacer una película basada en el libro: pretendía rodarla en Manapouri, a bordo del Breaksea Girl ¡y en nuestra casa! A esto último me negué, pues deseaba conservar la poca intimidad que nos quedaba. Por suerte (para nosotros), no obtuvo la financiación necesaria, por lo que el proyecto no salió adelante.

10

Mi corta carrera como ladrona

A los tres meses de la boda estaba embarazada. Peter y yo aún no nos habíamos casado oficialmente; no nos parecía para tanto. Habíamos disfrutado del tipo de ceremonia que nos importaba, ¿qué más daba que no tuviéramos los papeles?

Ahora me resulta extraño, pero el caso es que no le conté a mi familia lo del embarazo. Por mucho que tratase de librarme de la sensación, tenía miedo de que algo se torciera. Quería esperar a que naciera el bebé y estuviera sano y salvo antes de decirles nada. Bastantes dramas habían vivido mamá y papá conmigo, no quería darles más que buenas noticias.

En un principio, Peter y yo nos instalamos en Brisbane. Yo tenía veintitrés años, poquísimo dinero y mi única ropa era la que me había puesto el último año mientras navegaba por el Pacífico.

Encontramos un pequeño piso en las afueras, al sur de la ciudad: barato, sucio y sin muebles, aunque por suerte contaba con cocina y frigorífico. El cuarto de la colada del piso inferior se compartía con otras tres viviendas del complejo. Era casi verano, así que al menos no nos haría falta poner la calefacción. Peter trabajaba como reportero para un periódico, por lo que apenas ganábamos para pagar el alquiler, la comida y la electricidad, así como la entrada de un viejo Volkswagen Escarabajo.

Tras cinco días instalándonos y limpiando el piso, era hora de que buscase trabajo. Como no tenía ropa adecuada para ir a una entrevista en persona ni dinero para comprar nada, se me ocurrió tomar algo prestado..., entendiendo «prestado» como un eufemismo. El primer paso de mi plan era recorrer las calles de los alrededores, fijándome bien en la ubicación de los tendederos de cada propiedad. Era importante, importantísimo, que no me pillaran, así que tomé notas detalladas de cada casa que me ofreciera una oportunidad.

Una noche, alrededor de las dos y media de la madrugada, salí con una pequeña linterna en una mano y papel y boli en el bolsillo. Una vez que tuve cuidadosamente anotadas doce direcciones, volví a casa y las sometí a un cuestionario que había ideado. ¿La cuerda de tender estaba lo bastante accesible para permitir llegar a ella con facilidad, pero lo bastante lejos de cualquier ventana como para que no me vieran? ¿Estaba demasiado iluminada o cerca de un camino transitado o la carretera?

Solo ocho de las doce direcciones superaron la prueba. A continuación había que pensar qué tipo de ropa habría disponible para que la «tomara prestada». Señalé las ocho direcciones en un mapa y diseñé una ruta que me permitiera pasar por todas ellas en el menor tiempo posible. Peter trabajaba de noche, por lo que podía escabullirme del piso justo después de la medianoche sin que se enterara. No tenía ni idea de lo que tramaba.

En los primeros cuatro tendederos de mi lista no había nada útil: o solo tenían ropa de hombre o nada era de mi talla. Cual Ricitos de Oro adulta, pasé de una casa a la siguiente. En la quinta dirección tuve suerte, descolgué a toda prisa un par de medias, una falda y una blusa. En la sexta cogí un vestido verde con estampado de flores y un sujetador.

Volví a casa a todo correr y cerré la puerta a mis espaldas, nerviosa y aliviada. ¡Qué fácil había sido! Me quité los viejos vaqueros desvaídos y la camiseta y me probé el vestido. Me quedaba estupendo, aunque un poco grande, pero tenía aguja e hilo, así que podía hacer un arreglo temporal en la cintura y el escote. El sujetador me quedaba que ni pintado, al igual que las medias.

Por la mañana llamé a varios hospitales y residencias de ancianos preguntando si necesitaban a alguien. Obtuve una entrevista para el día siguiente en un pequeño hospital geriátrico a poca distancia del piso. Cuando le conté todo a Peter, se rio: «¿Así que ahora vivo con una ladrona?». Yo no había robado nunca y la verdad es que no me veía así, sino como una mujer con pocas opciones y desesperada por trabajar. Me prometí que devolvería la ropa cuanto antes.

No solo conseguí el puesto —como enfermera de noche—, sino que me entregaron dos uniformes. El problema era que debía ponerme zapatos blancos y no tenía, pero empezaba dentro de tres días, por lo que disponía del tiempo suficiente para resolver la cuestión.

Aquella noche devolví la falda y la blusa a la quinta dirección. En el bolsillo de la falda metí una nota: «Siento haber tomado prestada su ropa, pero necesitaba algo decente para llevar a una entrevista de trabajo. Tengo que quedarme con las medias, pero le compraré un par en cuanto reciba el primer sueldo».

En la sexta, volví a colgar el vestido verde en la cuerda, una vez descosido el arreglo temporal. Como no tenía bolsillos, prendí una nota al vestido en la que decía que le restituiría el sujetador por uno nuevo en cuanto me pagaran el primer sueldo.

El problema del calzado se resolvió cuando Peter me dio cinco dólares. Había varias tiendas de saldos en la zona y encontré un par de zapatos blancos muy usados que me quedaban perfectos.

Como había prometido, en cuanto cobré restituí el sujetador y las medias, colgándolos de las cuerdas con una nota de agradecimiento. Aunque toda la «operación» había salido bien, me alegraba de que hubiera acabado. La emoción de planificarla, la anticipación por llevarla a cabo y el estrés por que pudieran pillarme habían quedado atrás. ¡Asunto concluido!

Al cabo de tres semanas en el turno de noche, me pasaron a las tardes. En lugar de vigilar a los residentes de madrugada, llevarlos al cuarto de baño, cambiar las camas mojadas, administrar medicamentos y mantener el nivel de fluidos, tenía la oportunidad de charlar e interactuar con ellos a un nivel más personal. Comenzaba a las dos de la tarde, igual que las horas de visitas. Y entonces fue cuando tuve que afrontar las consecuencias de mi corta carrera como ladrona.

Una joven que iba a menudo de visita recorría el pasillo camino de la habitación del señor Lamb. Andaba con paso quedo, como si le hubieran pedido que no hiciera ruido. Llevaba el pelo rubio cortado en una moderna media melena y sus elegantes sandalias amarillas hacían juego con el vestido. Yo salía de la habitación del señor Lamb cuando la vi acercarse.

—¡Ay, mi madre! —exclamé con voz ahogada al reconocer el vestido.

Al cabo de un instante me di cuenta de que no era del mismo color, el de aquella mujer era azul, no verde, pero el corte era idéntico: la cintura ceñida, la falda de vuelo y el cuerpo sin mangas en lugar de la minifalda o los *shorts* que causaban furor en Occidente en los sesenta.

—Hola, Ruth. ¿Cómo está hoy el abuelo? —me preguntó la mujer.

—Tan pícaro como siempre. Listo para recibir visitas. —Tras una breve vacilación, añadí—: Qué vestido tan bonito. ¿Dónde te lo has comprado?

—En el pequeño centro comercial de Wardell Street, en la tienda al lado de la peluquería.

—Ah, ya sé dónde, vivo cerca. Bueno, me voy, que tengo mucho que hacer.

Seguía con el corazón acelerado cuando entré a esconderme a toda prisa en una habitación cercana.

Llegó un nuevo día de cobro y, ahora que tenía el presupuesto bajo control, fui andando hasta las tiendas de Wardell Street. Había decidido comprarme un vestido en la pequeña *boutique*. Y no un vestido cualquiera, sino una copia exacta de mi vestido de ladrona.

El perchero se extendía a lo largo de la pared y, para mi sorpresa, había como mínimo cuatro vestidos de aquel modelo en distintos colores.

—¿Puedo ayudarla en algo? —me preguntó la dependienta.

—Sí, quería probarme este vestido en la talla diez y en verde, si fuera posible.

—Ha sido un vestido muy popular. Debe de ser por las flores tan bonitas y la maravillosa falda, que queda muy bien sobre un cancán. —Echó un vistazo al perchero y suspiró—. Lo siento, pero no nos queda ninguno verde en la talla diez, solo azul. Una señora compró hace poco dos, uno de cada color. Por lo visto, el primero que compró, el verde, se lo habían robado del tendedero. ¿Quién iba a imaginar que algo así podía suceder por aquí? ¡Y quien fuera también se llevó su sujetador!

—¡Increíble! —musité con un peso horrible en el corazón—. Me probaré el azul, por favor.

Me quedaba perfecto y, aunque era un poco más caro de lo que tenía pensado gastar, también me compré un bonito cancán blanco con encaje.

—La pobre mujer tenía un disgusto… —prosiguió la dependienta—. Y lo más raro es que, el día después de que comprara el segundo vestido, el azul, ¡el verde volvió a aparecer en el tendedero! ¡Y con una carta! Nosequé historia rara de que la persona que lo había robado necesitaba el vestido para una entrevista de trabajo. ¿Qué le parece? Pobre mujer. Acaban de mandar a su abuelo a una residencia; me da muchísima pena. Ahora cree que hay alguien vigilando su casa y pasa miedo por las noches. Y, claro… —se calló para aumentar el efecto dramático—, ya no puede dejar la ropa tendida hasta el día siguiente, menuda faena.

—¿Y eso? —pregunté tratando de que no se me notase demasiado interesada.

—Vive sola, trabaja cinco días a la semana, los que libra visita a su abuelo, que tiene problemas de corazón, y luego también cuida de su abuela, que sigue viviendo en su casa al norte de la ciudad.

Cogí el vestido, sonreí a la dependienta y, aplastada por la culpabilidad, volví con paso lento a casa. En su momento me había parecido una solución a corto plazo que no hacía daño a nadie. En cambio, la víctima de mi «delito» había cogido miedo y se sentía observada.

Por más vueltas que le daba, solo había una cosa que hacer para zanjar aquella situación absurda y quitarle un peso de encima a aquella pobre mujer. Pero debía planearlo con cuidado.

Edward Lamb, nacido en 1881, tenía ochenta y nueve años. De joven había sido alto, delgado y apuesto, como confirmaban las fotos familiares que había en su habitación. Seguía siendo alto y delgado, pero ahora caminaba encorvado y el cabello gris le escaseaba. Lo que me gustaba de él era que se trataba de un caballero que adoraba charlar, sobre todo de su infancia y juventud en Brisbane. Me contó que se había alistado en la Fuerza de Defensa de la Marina de Queensland a los dieciséis años, en 1897; como yo había sido *wren*, teníamos mucho en común, ya que a ambos nos interesaban los barcos, la historia naval y el mar.

La mañana siguiente a mi excursión de compras, estaba haciéndole la cama mientras él permanecía sentado en el sillón junto a la ventana. Sin levantar la vista y concentrada en estirar las sábanas sobre el colchón, le pregunté en voz baja si su nieta iba a acudir a verlo de nuevo.

—Catherine viene todos los domingos a las dos de la tarde. Si ya lo sabes, Ruthie.

—Sí, perdone, es que hoy estoy un poco nerviosa. Debo contarle algo que he hecho y de lo que no estoy orgullosa.

Aquella no era la forma en que había previsto afrontar la situación; había decidido que lo correcto era decírselo a Catherine a la cara.

—Todos tenemos cosas en la vida de las que no estamos orgullosos —replicó Edward con amabilidad—. En muchas ocasiones he creído haber decepcionado a otras personas. Lo importante es que aprendamos de ello. ¿Has aprendido de lo que sea?

Asentí antes de sentarme en el borde de la cama, junto a su sillón. No quería llorar, pero noté que se me empañaban los ojos.

—Venga, Ruthie, mi niña, ¿qué ha pasado?

Una vez que empecé a contarle lo sucedido, me salió en tropel hasta el último detalle. Por un lado fue un alivio, pero tenía miedo de que acabara con nuestra amistad.

—Menuda historia... —respondió el hombre con ternura—. Creo que podremos aclarar todo el domingo con Catherine, ¿te parece?

Entonces me miró con sus dulces ojos grises, me cogió la

mano y me la apretó. Para mi sorpresa, se echó a reír. Aquello me hizo llorar aún más.

—Mira, te diré lo que vamos a hacer —dijo—. Catherine llegará a las dos, así que tú vendrás a vernos a las dos y media, cuando te tomes el descanso para el té de la tarde. Solo te pongo una condición: debes ponerte ese vestido que llamas «de ladrona».

Cuando lo dijo, en sus ojos brilló una chispa dulce pero juguetona.

Cuando entré en la habitación de Edward el domingo siguiente, Catherine levantó la vista y sonrió al verme el vestido.

—Así que al final fuiste a comprarte uno. Te queda muy bien.

Le di las gracias y me senté. Edward me había servido una taza de té y había dejado un platito con bizcocho de naranja al lado.

Sentado frente a Edward estaba su amigo James, otro de mis pacientes favoritos. Era escocés y se había dedicado al Derecho casi toda la vida. Emitió una tosecilla, se removió en el asiento y anunció:

—Edward Lamb considera que es su deber familiar mostrar un apoyo incondicional a su nieta en este momento tan poco común. Tengo entendido que tú, Ruth, planeaste y llevaste a cabo el robo de unas prendas de ropa de otra persona sustrayéndolas de su tendedero al amparo de la oscuridad. ¿Es eso cierto?

Me quedé de piedra: ¡estaban al corriente de todos los detalles y se estaban planteando juzgarme! Los tres me miraban con fijeza.

—Sí —respondí con un hilo de voz.

—Y, otra noche, restituiste dichas prendas junto con una nota manuscrita —prosiguió James, al tiempo que la tendía—. ¿Es esta tu letra?

—¿Puedo decir algo, por favor? —pregunté en voz muy baja.

—Responde a mi pregunta.

Miré la nota y confirmé que así era.

James miró a Catherine y a Edward.

—¿Queréis que llame a los testigos?

—¿Qué testigos, señor McIntyre? —pregunté con voz algo trémula.

Edward negó con la cabeza y se dirigió a James.

—No hacen falta testigos.

Bebí un poco de té tibio, porque la boca se me había quedado completamente seca. Me sentía idiota allí sentada, con el mismo vestido que Catherine: era como una señal que confirmaba mi culpabilidad.

—Lo siento muchísimo, Catherine —dije—. No creí estar robando. Es que necesitaba encontrar trabajo y no tenía nada de ropa para ir a las entrevistas. Por favor, créeme.

Sin hacerme el menor caso, James prosiguió:

—He discutido el asunto con mis clientes y hemos decidido compartir nuestra decisión por escrito. —James Thomas McIntyre me tendió un sobre de aspecto oficial—. Ábrelo, por favor, y léelo en alto.

Hice lo que me ordenaba.

> Catherine Lamb, maestra; Edward Lamb, oficial de Marina retirado, y James Thomas McIntyre, abogado retirado, consideran por la presente a Ruth no culpable y le hacen entrega del siguiente documento adjunto.

Volteé la página para verlo. Se trataba de un cheque a mi nombre por el precio exacto de mi vestido de ladrona y el cancán. Rompí a llorar y luego a reír, al tiempo que Catherine se acercaba a darme un gran abrazo. Edward hizo sonar la campanilla mientras me guiñaba un ojo.

En aquel momento apareció en la puerta la enfermera y le preguntó qué deseaba.

—Verá, como puede apreciar, a mi nieta le está costando decidir de qué color comprar un vestido, así que le hemos pedido a Ruthie que nos ayude. Si no le importa, se tomará otros quince minutos de descanso.

Le sonrió de tal forma que a la mujer le fue imposible negarse. Yo me comí el bizcocho de naranja, me bebí otra taza de té y caí en la cuenta de que Edward había jugado una mano excelente. Mejor de lo que yo hubiera podido prever. Mi corta carrera como ladrona había acabado de una forma muy satisfactoria.

HISTORIAS DE LAS LIBRERÍAS

HERENCIA FAMILIAR

Debo ser muy cuidadosa con los libros que compro, ya que el espacio disponible en mi tiendecita es muy limitado. Cuento con que la gente me traiga libros que vender; puede que quieran reducir sus bibliotecas o que algún miembro de la familia se haya mudado..., o a veces los libros forman parte del legado de un difunto.

Sigo unas normas muy estrictas en lo que a herencias se refiere: no compro ningún libro hasta que hayan pasado al menos seis meses desde que falleció el dueño. Me aseguro de que todos los familiares hayan tenido la oportunidad de quedarse con los ejemplares que quisieran y hablo con ellos de la importancia de conservar los libros dentro de la familia. Es sorprendente la frecuencia con que, cuando muere un pariente, sus libros se guardan a toda prisa en cajas y se dejan en alguna tienda de beneficencia o se llevan a algún librero de lance sin que nadie se percate de que algunos son raros y muy valiosos.

Nunca doy un precio general por una caja de libros, sino que valoro cada uno de forma individual, lo que puede llevarme muchas horas. Si me invitan a una casa a ponerle precio a una biblioteca y a detectar libros raros o especiales, le explico a la familia que, aun cuando ellos no quisieran para sí los libros, tal vez más adelante un nieto apreciará haberlos conservado. Cada libro tiene su historia y muchos guardan recuerdos preciosos.

Cuando cojo uno de los libros de mi madre, la recuerdo a ella; toco la misma página que tocó, leo las mismas palabras que leyó. Los libros reunidos a lo largo de los años se convierten en parte de la familia. Han sido amados, leídos y releídos, y a menudo han viajado por el mundo. Viven durante años en el hogar, testigos mudos de numerosas fechas señaladas, siendo causa de alegrías y, a veces, provocando lágrimas en el lector.

Así pues, trato cada libro con cariño. Paso las páginas en busca de notas manuscritas en los márgenes o dibujitos de insectos, hojas y flores. A menudo encuentro cartas, flores prensadas, tarjetas postales y fotografías, y en un libro de botánica una vez hallé una carta escrita en una hoja.

Alan Petri, jubilado de Te Anau, me trajo unos libros que deseaba vender. La hoja en cuestión estaba escondida dentro de uno de los ejemplares, en perfectas condiciones, de un verde pálido y suave. Sobre el envés aparecía escrito este texto:

> ¡Hola! Escribo esta postal desde la ensenada de Preservation, donde acabamos de ver dos ballenas; estaban a una media hora del barco. Por el momento, el viaje ha sido estupendo; el tiempo podría haber sido mejor, pero tampoco es que se pueda hacer gran cosa al respecto. Nos vemos el domingo por la tarde.
>
> Con cariño,
>
> WILLIAM

Los maoríes usaban las hojas de la rangiora (*Brachyglottis repanda*), grandes y plegables, para envolver comida y fajar bebés, además de como emplasto para heridas. Más tarde, los colonos europeos las usaron como material de escritura y papel higiénico, lo que les valió su otro nombre en inglés: *bushman's friend*, o «el amigo de quien se adentra entre los arbustos». Otra planta de la misma familia, la *Brachyglottis rotundifolia*, que solo se encuentra en zonas costeras del extremo austral de la isla sur de Nueva Zelanda y la isla de Stewart, cuenta con hojas más pequeñas y gruesas que a veces se usaban como postales. La gente (sobre todo los turistas) escribía en ellas, les ponía un sello en la esquina y las enviaban desde la oficina de correos de la ensenada de Paterson, en la isla de Stewart, a direcciones de todo el país y el extranjero.

La administración de correos no compartía el entusiasmo del público por estos recuerdos. En 1906, advertía que «queda prohibido el envío de hojas de árbol sueltas franqueadas y con comunicaciones escritas al Reino Unido o a países en tránsito a través del Reino Unido». En 1912, la prohibición se hizo extensiva a «cualquier dirección». Por fin, en 1915, la advertencia rezaba: «Queda prohibido el envío de hojas de árbol sueltas y, de enviarse, se mandarán a la oficina de cartas no reclamadas para su destrucción».

Llamé a Alan y le conté lo que había descubierto. Resultó que la carta era de su hijo y, como era lógico, nunca había llegado a enviarse. Me alegré mucho de devolverle el libro y la postal en la hoja. Alan le contó que la habían encontrado y Sheila, su madre, me envió un precioso mensaje por correo electrónico: «Gracias, Ruth. ¡William está encantadísimo!».

Hace poco compré un libro en la librería de un hospicio:

A Field Guide to the Birds of New Zealand [*Una guía de campo de las aves de Nueva Zelanda*], de Falla, Sibson y Turbott. Se trataba de una reimpresión de 1972 de la guía de 1966, en bastante buen estado. Mientras hojeaba el ejemplar, encontré un pedazo de papel con una carta escrita a lápiz:

> Hola, Luke. Te escribo para disculparme por no ir a ayudarte el día 2. Ali solo libra los viernes y nos vamos a hacer juntos la travesía de Tongariro. ¡Que los vientos sean favorables! Espero que este libro te resulte útil, tú devuélveselo a Ali cuando quieras. Gracias por tu hospitalidad anoche en el barco.
>
> VERA

Volví a dejar la nota dentro del libro, donde llevaba tantos años; seguirá allí cuando se venda. Siempre que encuentro tesoros como este, trato de imaginar quiénes eran sus autores y dónde estaban cuando escribieron las notas. ¿Quiénes serían Vera y Ali? ¿Conseguirían hacer la travesía de Tongariro? ¿No sería increíble que leyeran mi libro y se dieran cuenta de que su nota ha sobrevivido todo este tiempo...?

11

De nuevo, la tragedia

Peter, al trabajar de periodista, pasaba cada vez más tiempo viajando por Australia en busca de historias. A mediados de los setenta aceptó un encargo que suponía subir al Territorio del Norte y pasar dos semanas allí.

Una noche, estaba profundamente dormida en nuestro piso cuando el silencio nocturno se vio interrumpido por una fuerte llamada a la puerta. La policía estaba en el umbral. Una agente me rodeó los hombros con el brazo y me llevó hasta una silla. Tras algunas preguntas para confirmar quién era, me comunicó el motivo de la visita:

—Acaban de notificarnos que su marido ha muerto.

No me lo creía. Solo oía partes de la conversación mientras los agentes me explicaban con todo el cuidado los detalles del accidente de coche. Con auténtica preocupación, se quedaron hablando conmigo y me prepararon numerosas tazas de té antes de conseguir que una amiga viniera a acompañarme. Yo seguía muy erguida en el borde de la silla. Sin lágrimas, sin emoción, sin dar señal de haber oído siquiera lo que me decían.

Los padres de Peter reclamaron el cadáver y me dejaron clarísimo que no querían tener nada que ver conmigo, dado que yo era católica y ellos protestantes. No reconocían mi posición como pareja de Peter y, desde luego, tampoco nuestro matrimonio.

Lo único que me quedaba de nuestra relación era el embarazo; estaba desesperada por tener un niño.

La depresión se abrió paso a dentelladas en mi vida. No podía trabajar ni dormir. Estaba anémica: era una cáscara vacía. Aun así, no llamé a casa; no habría soportado contarles a mis padres nada de aquello. Una noche, cuando las cosas se pusieron muy mal, llamé al teléfono de la esperanza. Doug Kerr, un abogado que colaboraba con la organización, se encargó de trasladarme con su familia y, al cabo de unos días, estaba rodeada de amor. Me sentía segura. Liz, su maravillosa esposa, ya tenía cuatro niñas pequeñas y esperaba una quinta. Sin el apoyo inmediato de aquella gente, no quiero imaginar qué habría sido de mí.

Cuando me puse de parto, la realidad física de dar vida a un bebé atravesó la niebla de mi depresión; no solo sentía dolor, también alivio. Nadie podría arrebatarme aquel precioso momento, había dado a luz al hijo que tanto anhelaba.

Cuando el médico me lo puso en brazos, le toqué la cabeza y noté una cálida humedad. Sus deditos se curvaron alrededor del mío como si él también buscase un vínculo especial. Observé maravillada cómo se movía, cómo apretaba los labios, fruncía el ceño, sacaba la lengua.

—Joshua —musité—. Eres Joshua.

Nuestra burbuja de felicidad no duró más que unas horas. El médico vino al pie de mi cama acompañado de Liz, quien traía una expresión preocupada y me dio la mano mientras el doctor me explicaba que Joshua tenía la enfermedad hemolítica del recién nacido. Durante el embarazo, los anticuerpos Rh negativo de la madre penetran en la placenta y luchan con las células Rh positivo del bebé, enfermándolo. Joshua, mi segundo hijo, estaba grave y necesitaba cuidados especializados. El corazón le estaba fallando, le hacía falta una transfusión de sangre urgente y debían trasladarlo cuanto antes del hospital de Southport, en la costa, a Brisbane. Yo podría reunirme con él al día siguiente, cuando hubiera recuperado fuerzas.

Liz, una enfermera y un sacerdote permanecían al pie de la cama con cara de circunstancias mientras yo me aferraba a mi hijo, mirando su carita pálida. Trataba de grabar en mi mente cada detalle, cada minúsculo rasgo. El bautismo fue breve; de acuerdo con la doctrina católica ya era «hijo de Dios». Miré al cura con ira y odio al tiempo que le soltaba:

—¡Joshua es hijo de Dios desde el momento de su concepción!

El hombre asintió y respondió con una sonrisa cansada:

—Si algo le sucediera a este pequeñín, irá directo al cielo. Eso es lo importante, claro.

—¡Fuera de aquí! —exclamé con furia—. Largo. ¡Mi hijo va a vivir!

—Debemos estar preparados para lo que Dios tenga previsto.

Estreché a Joshua contra mi pecho. Era como si tratase de devolverlo a mis entrañas para esconderlo y protegerlo.

Normalmente no hay riesgo de enfermedad hemolítica durante el primer embarazo; el problema suele surgir durante el segundo y los siguientes. Me percaté con horror de que el factor Rh de Joshua era consecuencia de la violación, pues se trataba de mi segundo hijo. Hasta mi sangre estaba manchada.

Le acaricié la mejilla con la mía: estaba suave y caliente. Lo acuné una y otra vez, con un gemido en la garganta que era como el grito patético del viento. El dolor me atravesaba hasta lo más hondo.

La enfermera se acercó y me tendió los brazos para que le diera a Joshua. Le clavé la mirada, aunque apenas la veía a través de las lágrimas, aferrándome todavía a mi minúsculo bebé. Con ternura y determinación, la mujer se inclinó hacia delante y me lo quitó.

Fue la última vez que vi a Joshua. Murió unas horas más tarde. Yo seguía en el hospital cuando lo enterraron y no me permitieron asistir al funeral. Lo único que me podía costear era una pequeña cruz de madera en la zona común. La sola prueba de su corta vida era su certificado de defunción:

> Joshua Alexander. 13,5 horas de edad. Octubre de 1970. Royal Women's Hospital.
>
> Causa de la muerte:
>
> (1) Enfisema intersticial, neumotórax y neumomediastino
>
> - Enfermedad de la membrana hialina
>
> (2) Enfermedad hemolítica por sensibilización Rh

Unos breves meses de felicidad habían quedado sepultados por unos acontecimientos horribles y devastadores.

Dudo que pudiera sobrevivir otra vez a lo sucedido entre 1970 y 1972, pero entonces era joven y es posible que la violación y la entrega en adopción de mi hijo en 1963 me hubieran preparado de alguna manera para esos últimos mazazos.

La Ruth que mostraba a los demás apenas era una máscara; mi interior estaba en pleno naufragio. No obstante, el instinto de supervivencia volvió a aparecer; como un animal salvaje, ya me estaba preparando para dar media vuelta y echar a correr lo más rápido posible. Seguía en estado de shock, primero por la muerte de Peter y luego por la de Joshua, pero sabía que debía alejarme de la pesadilla todo lo que pudiera. Al cabo de un mes, una oferta de trabajo en Papúa Nueva Guinea precipitó mi partida.

Antes de irme, fui a la tumba de Joshua y planté un rosal de pitiminí delante de la cruz de madera blanca. Las minúsculas flores rojas lucían valientes sus colores en mitad de su nuevo entorno de muerte y aflicción.

Al darme la vuelta para marcharme, me juré no regresar jamás.

12

La llegada a Rabaul

A mis padres no les gustó nada cuando llamé para anunciarles que me iba a Nueva Guinea. Papá me dijo que podrían devorarme y ya no me volverían a ver. Yo le dije que estaba leyendo los libros que no debía.

Llegué a Rabaul el 25 de junio de 1971.

Rabaul se encuentra en el extremo este de la isla Nueva Bretaña. Se convirtió en capital provincial de Nueva Guinea, territorio bajo mandato australiano, en 1914, cuando se lo quitaron a los alemanes. La ciudad, situada en el puerto de Simpson y protegida por la península de Gazelle, se consideraba uno de los puertos más seguros del Pacífico Sur. Durante la Segunda Guerra Mundial adquirió importancia estratégica por su proximidad al territorio japonés de las islas Carolinas, que en aquel momento albergaba una importante base naval. A menudo explorábamos los numerosos túneles abandonados, las salas de guerra y los dormitorios, donde todavía se podían encontrar equipos, aeronaves, barcazas de desembarco y armas, todo ello abandonado.

Pese a su impresionante historia, la ubicación resguardada

de este enorme puerto garantizó que, una vez acabada la guerra, Rabaul volviera a convertirse en un enclave fundamental del Pacífico Sur.

Todos aprendimos a hablar *pidgin* y, cuanto mejor comprendía el sistema social de Papúa Nueva Guinea, más vergüenza me daba. Numerosos expatriados —o *expats*, como nos llamaban— trataban a sus sirvientes con un desdén que rozaba la crueldad. No tardé en percatarme de que muchos de ellos eran unos borrachos engreídos que llevaban una vida de arrogancia colonial, maltratando a quienes trabajaban en sus casas y, a menudo, manteniendo a una o dos amantes nativas.

Rabaul estaba estratificada tanto social como racialmente e incluso dentro de la comunidad colonial había jerarquías y exclusiones. La ciudad se consideraba una parte más de Australia, por lo que los expatriados creían tener un control absoluto sobre todo. La mayor parte de la infraestructura, incluido el Commonwealth Bank, el ANZ Bank y Telecom NZ, había sido construida por los australianos. Usábamos dinero australiano, nos poníamos en pie y cantábamos «Dios salve a la reina» cuando íbamos al cine y todos teníamos sirvientes. Aquella gente no habría sobrevivido de haber vuelto a Australia o Nueva Zelanda, pues la fachada de su falso estilo de vida se habría desmoronado al momento.

A mí me habían ofrecido un trabajo de seis meses como chef en el hotel Ascot, que tenía un contrato con Ansett Airlines para ofrecer desayunos a bordo del vuelo matinal a Puerto Moresby. También preparábamos comidas para los controladores aéreos y otros residentes de las dependencias para solteros, por lo que mis jornadas empezaban muy pronto y terminaban tarde, con una breve pausa durante el día.

Uno de los solteros, un conocido corredor de apuestas, solía venir a comer. Alquilaba unos locales en el sector chino de Rabaul que dedicaba a las apuestas ilegales de carreras de caballos. Cuando se enteró de que jugaba a las cartas, se empeñó en que me uniera a su «equipo». Como no tenía otra cosa que hacer, acepté, y él me enseñó el arte de «apuntar».

El apuntador de una casa de apuestas lleva cuenta del total de dinero apostado en la casa por todos los caballos. Yo me encargaba de escribir los boletos, de controlar todas las apuestas realizadas, de actualizar las pizarras, de registrar los cambios *in situ* si un caballo sufría un percance y de avisar de las condiciones de la pista. Todo dependía de la precaria recepción de radio y de las numerosas llamadas de teléfono que se recibían de corredores por toda Australia. Siempre había muchísimo ruido, agitación y movimiento, además de ser completamente ilegal. A mí el trajín me convenía: acabé adorando Nueva Guinea, el trabajo, a los toláis y la vida social. Poco a poco, empezaba a reconstruir mi vida.

Rabaul se encuentra sobre un sistema volcánico activo y el monte Tavurvur, al sudeste de la ciudad, es un estratovolcán que puede entrar en erupción en cualquier momento. Aprendimos a vivir con el olor del lugar, que no se parece a nada conocido: una mezcla de azufre con nuez de areca, rematada por la omnipresente fragancia de la flor del franchipán. Los pequeños terremotos formaban parte del día a día; nos acostumbramos a ellos y punto. No obstante, al mes de mi llegada se produjo uno de cierta magnitud. Fue el 27 de julio de 1971 y, con nada menos que un 8,3 en la escala de Richter, causó daños considerables en las islas, además de múltiples olas sísmicas. Fue uno de los más graves en la historia de Papúa Nueva Guinea.

Nos evacuaron de inmediato a unos terrenos elevados por encima de la ciudad. Desde allí vimos cómo los enormes tsunamis la barrían por completo, anegando el hotel Travelodge y toda la zona de tiendas, arrastrando automóviles y embarcaciones mar adentro. La pequeña isla en mitad del puerto fue arrasada y, por increíble que parezca, durante un instante vimos pecios en el fondo del mar.

(Mucho más tarde, en 1994, el Tavurvur entraría en erupción al tiempo que el Vulcan, otro volcán activo en la parte oeste del puerto. Rabaul quedó totalmente destruida).

Durante mi estancia allí, las autoridades australianas se enfrentaban a un movimiento cada vez mejor organizado por alcanzar el autogobierno. El consejo local de Gazelle había sido en exclusiva papú, pero tras algunas deliberaciones y consultas se proclamó multirracial, en contra de los deseos de muchos lugareños. La Mataungan Association, organizada por los toláis, puso en marcha una campaña de disidencia y se negó a pagar impuestos hasta que el consejo volviera a estar formado en exclusiva por papúes. Estalló la violencia y se produjeron detenciones.

Acabábamos de recuperarnos del enorme terremoto cuando, el 19 de agosto de 1971, Jack Emanuel, el comisario de distrito australiano y líder de la administración colonial en Rabaul, fue asesinado. Llevaba muchos años prestando servicio en la región, hablaba kuanua y disfrutaba de una posición especial entre la comunidad tolái. Un grupo de diez líderes de aldeas, con la cara pintada y tocados tradicionales, se había enfrentado con Emanuel y la policía cuando lo llamaron para que tratara de mediar en una disputa territorial. El periódico de la ciudad informó de que uno de los hombres habló unos instantes con Emanuel antes de que todos se volvieran y se adentraran en la selva.

Algún tiempo después, al ver que Emanuel no volvía, una pequeña partida de policías bajó por el sendero de la selva en su busca. Encontraron su cadáver: lo habían apuñalado hasta la muerte con una vieja bayoneta japonesa de la Segunda Guerra Mundial. Hubo quien acusó a los miembros de la Mataungan Association, pero nunca llegó a demostrarse su participación.

Recuerdo que el día que sucedió había policía con equipos de protección por toda la ciudad y nos decían que nos quedáramos en casa con las puertas cerradas a cal y canto a menos que trabajáramos en puestos esenciales. No sabíamos en quién confiar, ni siquiera entre los compañeros de trabajo locales.

Mientras el país se preparaba para la posibilidad del autogobierno, parte de mi labor consistía en formar a chicas de la zona para que elaborasen los desayunos y las comidas principales para los hombres solteros. La agitación política era intensa, pero yo tenía un trabajo que hacer. En esas estábamos cuando conocí al tranquilo Matt, un controlador aéreo australiano que se encontraba en Papúa Nueva Guinea con un contrato de tres años. Era moreno, tímido y callado, tenía una sonrisa amable y ojos castaños y dulces. Aunque éramos muy distintos en muchas cosas, empezamos a salir.

Yo le advertí que le costaría mantener una relación conmigo porque era un desastre emocional, pero se enamoró de todas formas. Estar con él era fácil, me hacía reír y me devolvió la confianza para creer que mi caótica vida podía cambiar. Era todo lo que necesitaba y anhelaba: yo también me estaba enamorando.

Mi visado temporal estaba a punto de caducar. Matt quería que me quedara, a mí me habían ofrecido más trabajo y en realidad no tenía motivos para marcharme, pero sabía que volvía a estar en modo huida. Carecía de la confianza para asentarme y me consideraba un mal partido en lo que a relaciones se refería. Todo lo que tocaba parecía echarse a perder y creía inevitable seguir sufriendo en el futuro. Era una perspectiva insoportable.

En muchos sentidos no quería irme, pero cuando un pequeño balandro de nueve metros llamado Islander arribó a puerto, no dudé en enrolarme. Mike, el propietario, había navegado solo de Madang a Rabaul, pero quería a alguien que le echase una mano ahora que ponía rumbo al norte de Papúa Nueva Guinea y luego a Irian Occidental y Java.

Puse una condición desde el principio: no iba a acostarme con él. «Tienes una suerte que ni te imaginas al conseguir una tripulante como yo —le dije—. Así que no la pifies. No dudaré en bajarme del barco y dejarte, me da igual dónde estemos». Mike me lo prometió y cumplió la promesa. Nos convertimos en un equipo muy compatible y buenos amigos.

Le dije a Matt que volvería en cuanto llegáramos a Singapur. Aceptó que necesitaba irme y dijo que me esperaría. Solo ahora me doy cuenta de lo increíblemente empático y comprensivo que fue. Me dejó marchar a pesar de que le rompía el corazón.

HISTORIAS DE LAS LIBRERÍAS

CABALLOS DE CARRERAS

Era sábado y las dos librerías estaban llenas. La gente se sentaba fuera a hojear los libros, los niños leían al sol, un perro esperaba atado al tráiler cerca de la escudilla de agua y un bebé dormitaba en un cochecito.

Una pareja australiana vino derecha hacia mí.

—Supongo que no tendrá libros sobre hípica. Es una librería tan pequeña que, a ver, la pregunta es absurda.

Yo sabía que no tenía ninguno en la tienda, pero sí en mi propia biblioteca, sobre un caballo llamado Fine Cotton. Desde mi trabajillo como apuntadora para un corredor de apuestas en Rabaul, había mantenido cierto interés por las carreras. Este caballo en concreto y el fraude en torno a él me interesaron porque estaba trabajando en Kings Cross cuando la trama salió a la luz en 1984 y había oído hablar de algunos de los implicados.

Fine Cotton era propiedad de una organización liderada por John Gillespie. Se les ocurrió comprar otro caballo que era casi idéntico, pero mucho más rápido, y hacerlo pasar por él.

Para desgracia de los confabulados, el nuevo caballo, Dashing Solitaire, se lesionó antes de que tuviera lugar la sustitución fraudulenta. Como ya habían invertido mucho dinero, se propusieron encontrar otro caballo. El tiempo apremiaba, así que se decidieron por uno de una clase muy por encima a Fine Cotton.

El único problema era que los caballos tenían distinto color. Fine Cotton era un capón castaño de ocho años con manchas blancas en las patas traseras; Bold Personality, un bayo de siete años y sin marcas.

Muy fácil: los integrantes de la trama compraron un par de botes de tinte Clairol e hicieron lo que pudieron. El día de la carrera, como se habían olvidado de aclarar las patas de Bold Personality con agua oxigenada para emular las manchas, cogieron un poco de pintura blanca para hacer el apaño.

Si el engaño hubiera tenido éxito, habrían ganado más de un millón de dólares. Pero fracasaron estrepitosamente y a los seis implicados les quedó vetado de por vida el mundillo de las carreras. John Gillespie y el entrenador Hayden Haitana fueron condenados a varios años de cárcel.

Le enseñé el libro al coleccionista australiano, que se quedó encantado con la sorpresa. Tenía cientos de libros sobre caballos, pero no ese.

—Qué emocionante. Cómo me alegro de haber venido. ¿Cuánto es?

Sabía que le podría haber pedido lo que quisiera y me lo habría pagado, pero también que el libro se iba a un buen hogar.

—¿Qué le parecen diez dólares?

—Hecho, señora mía. ¡Menuda ganga!

13

Os ruego que os preocupéis

Una vez más, llevé un diario de los meses que pasé a bordo del Islander, pero lo perdí cuando el Crusader, otro barco con el que navegué años más tarde, se hundió en la bahía de Bengala y pereció toda la tripulación. A mí me habían entrado serias dudas sobre las capacidades del patrón y propietario, y había tenido el buen tino de bajarme del barco unos meses antes.

Por suerte, papá había guardado algunas de mis cartas. Gracias a ellas, mis padres seguían mis «aventuras y desventuras». Como madre, solo ahora puedo comprender lo mucho que debieron de preocuparse por mí. Algunas de las cartas tardaban un mes en llegar a Nueva Zelanda; muchas no lo hicieron nunca. Justo antes de dejar el país, mi hermana se había casado con un constructor, Colin, un hombre serio y honrado: al menos una de las dos había elegido una vida tranquila.

Cuando zarpamos de Rabaul estaba acongojada y me debatía entre las ganas de quedarme y la urgencia por marcharme antes de sabotear una relación más.

16 de septiembre de 1971

Queridos papá y mamá, Jill y Colin, tía y demás:

Perdonadme la letra y las manchas de agua salada por todo el papel, pero os escribo en alta mar. Al final dejamos Rabaul a las seis y media de la mañana del 12 de septiembre; navegamos todo el día y atracamos por la noche en una aldea minúscula...

Al final de la carta escribí:

Bueno, me voy, os ruego que os preocupéis, estoy bien.

Con cariño y muchos besos,

RUTH

Se me había olvidado la palabra más importante: «no». Ahora me río, pero ¿qué pensaría mamá cuando leyó que les pedía que se preocuparan?

Había emprendido una nueva aventura. Establecimos unas costumbres sencillas a bordo; hacíamos guardia cuando queríamos, comíamos cuando nos entraba hambre y poco a poco sentía cómo la soledad y la calma se adentraban hasta lo más profundo de mi ser. El Islander era pequeño, con unos techos bajísimos. Contaba con una cocina de dos quemadores con suspensión cardán (de las que se inclinan para mantenerse niveladas cuando la embarcación no lo está), una mesa de cartas que usábamos para muchas más cosas, dos catres estrechos, un aseo minúsculo, un pañol de velas cerca de la cadena y las sogas del ancla. Para acceder al motor había que levantar las planchas del suelo de la bañera, una operación no demasiado sencilla que llevar a cabo en el mar.

Desde Wewak navegamos hasta Vanimo, la pequeña capital de la provincia papú de Sepik Occidental y el puerto más al noroeste del país, a tan solo veintidós kilómetros de la frontera con Indonesia. En aquel momento solo había ciento ochenta europeos viviendo allí, además de los mil militares del campamento del Real Regimiento de las Islas del Pacífico, que protegían la frontera del flujo constante de refugiados papúes que trataban de cruzar desde Irian Occidental.

En 1971, eran muy pocos los yates que habían llegado a Irian Occidental desde Papúa Nueva Guinea. El Gobierno indonesio acababa de abrir la frontera, aunque bajo controles estrictos que nos suponían un problema. Resultó que nuestras cartas de navegación estaban mal, ya que los nombres de los puertos habían cambiado desde que les arrebataran el territorio a los holandeses.

Al arribar a Vanimo, los funcionarios de aduanas subieron a bordo y registraron el balandro a fondo. Al finalizar la inspección, uno de ellos dijo: «Ahora tienen una botella de whisky menos; esta es para mí». Como para ponerse a protestar: seis soldados indonesios armados esperaban en el muelle con los rifles a la espalda y las porras al cinto. Nosotros teníamos bien escondida bajo el catre de Mike una calibre 22 que no llegaron a encontrar.

Los funcionarios de aduanas nos escoltaron hasta el Departamento de Inmigración para rellenar los formularios necesarios que nos permitirían atravesar Irian Occidental. Desde allí, nuestra escolta armada nos llevó al Departamento de

Cuarentenas, donde hubo que cumplimentar nuevos formularios, y, por último, al Departamento de Marina. La localidad era pequeña, apenas había algunos papúes. Fuimos al mercado, pero decidimos no comprar nada, pues había muchos alimentos podridos. En Vanimo vivían más de medio millón de indonesios y la presencia militar era ubicua. En el mercado nos encontramos a dos trabajadores de las Naciones Unidas que nos recomendaron no beber agua ni rellenar el tanque en Irian Occidental (en la actualidad, Papúa Occidental), ya que estaba llena de larvas de mosquito y bacterias de cólera. También nos dijeron que nos marcháramos lo antes posible, ya que resultaba un lugar peligroso, donde los robos y los sobornos eran constantes.

Después de cambiar divisas y hacernos con todo el papeleo necesario, zarpamos rumbo a Jayapura, una ciudad pobre y asolada por el cólera y la malaria, sin sistema de correos. La única forma que enviar cartas a casa era a través de las Naciones Unidas, que entraba y salía con sus propios aviones. Más tarde, mamá me contó que muchas de mis cartas jamás les llegaron y que a algunas les habían arrancado los sellos. «Os ruego que os preocupéis» había terminado convirtiéndose en una advertencia accidental, sí, pero profética.

Mientras nos encontrábamos en Jayapura, recibimos la visita de las esposas del alto comisionado indonesio y un oficial naval de alto rango. Querían echar un vistazo al Islander y llegaron ataviadas con unas chaquetas de bordados primorosos, pantalones a juego, sandalias exquisitas y un montón de joyas, además de un peinado y maquillaje impecables. Era evidente que para ellas se trataba de todo un acontecimiento.

Los escalones que conducían del muelle a nuestro barquito de casi dos metros y medio eran empinados y resbaladizos, por lo que tuve mucho cuidado de explicarle a su guardia armado, que hablaba inglés, cómo debían subir a bordo. Una vez que nuestra primera visitante estaba sentada sana y salva, me di la vuelta y vi con horror que su acompañante había decidido saltar —sí, saltar— del muelle al balandro.

No había nada que pudiera hacer. El barco se escoró de inmediato y las tres nos fuimos de cabeza a aquella agua asquerosa. Los guardias armados iban de un lado a otro en el muelle, gritando y apuntándome con las armas. No sé cómo conseguí que las dos mujeres subieran a tierra; lo único que recuerdo es que dejé a una de las dos colgando de la borda mientras nadaba con la otra hasta los escalones. Una vez que ambas estuvieron a salvo, volví remando sola al balandro, temblando sin control presa de una risa nerviosa.

El alto comisionado se puso furioso. Llegó al muelle como un basilisco, afirmando que había tratado de ahogar a su mujer y a su acompañante. Mike y yo estábamos en la cubierta del Islander, callados y muertos de miedo.

—Mierda —dijo Mike—. ¡Vamos a tener suerte si salimos de esta!

Y la tuvimos, al final intervino un intérprete de la ONU y calmó la situación. El alto comisionado se disculpó y nos presentó una oferta de paz: dos cartones de unos cigarrillos malísimos y media docena de latas de una cerveza repugnante. Lo tiramos todo por la borda en cuanto estuvimos en mar abierto y fuera de la vista.

El gerente de una plantación, un inglés empleado por las

Naciones Unidas en Jayapura, nos había pedido que lo lleváramos a su casa en Manokwari, un lugar bastante alejado a lo largo de la costa. Al carecer de transporte local, no tenía muchas oportunidades de ir. Fue un placer que Peter Foster se nos uniera —aunque tuviéramos que compartir litera—, ya que hablaba numerosos idiomas, lo que nos resultó de mucha utilidad durante el siguiente tramo de nuestra travesía.

El mal tiempo nada más abandonar Biak nos desvió de nuestro curso. Tras pasar toda la noche luchando con vientos huracanados y la mar picada, vislumbramos con alivio Numfoor, una pequeña isla junto a la costa de Manokwari que nos ofrecía refugio. Durante la Segunda Guerra Mundial, los japoneses habían construido allí una base con tres aeródromos.

Mientras nos acercábamos a la minúscula isla y echábamos el ancla, de la nada aparecieron una serie de canoas que nos rodearon. Al fijarnos bien, vimos que algunos de los hombres portaban cráneos humanos alrededor de la cintura. ¡Menudo comité de bienvenida! Una vez más, Mike se quedó sin habla por el miedo, pero Peter, nuestro pasajero políglota, hablaba el dialecto local y nos consiguió algo de comida y agua fresca.

Los lugareños nos invitaron a tierra, pero Peter nos advirtió en voz baja que no aceptáramos su oferta en apariencia amable, pues aquella tribu era conocida por practicar el canibalismo.

—¡¿Cómo?! —balbuceó Mike—. ¡Tienes que estar de coña! ¡Estamos en los setenta del siglo XX, no del XIX!

Peter reconoció que no estaba seguro de que todavía lo hicieran, pero sabía que las cabezas de los militares indonesios eran muy cotizadas.

Huelga decir que nos quedamos en el barco, muy agradecidos por tener a Peter con nosotros.

En Manokwari nos recibió personal de la ONU, que nos proporcionó vituallas (incluidos café y azúcar, muy bienvenidos) y combustible. Además, se prestaron encantados a enviar nuestras cartas. Cuando les contamos lo de nuestro encuentro en Numfoor, nos confirmaron que seguía habiendo canibalismo y que las tropas indonesias efectuaban redadas de vez en cuando. En las aldeas, la cabeza del enemigo todavía se consideraba un prestigioso trofeo.

En la carta que escribí antes de abandonar Irian Occidental/Papúa, ponía: «Bueno, papá, una cosa que decías ha demostrado ser cierta: ¡sí que hay caníbales!». (Pobrecitos mis padres...).

Nos despedimos de Peter dándole las gracias y pusimos rumbo a Sorong, el último puerto antes de alejarnos del ecuador y descender por el mar de Ceram hasta Ambon y luego a Java, deteniéndonos en muchas de sus pequeñas islas, incluida Bali, hasta que arribamos a Surabaya. Fue en esta región donde las autoridades nos avisaron de que, solo unas semanas antes, un yate estadounidense había sido atacado y hundido por piratas. La tripulación sobrevivió, pues les permitieron abandonar el barco en el bote salvavidas y los recogió un pesquero local. La noticia era inquietante, sobre todo después de nuestro encuentro con la tribu caníbal. Aquel fue el comienzo del aumento en los casos de piratería por Indonesia, que acabó por considerarse una de las rutas de navegación más peligrosas del mundo.

Por seguridad, decidimos no alejarnos de la costa javanesa mientras navegábamos hacia Yakarta. Las condiciones eran perfectas, por lo que pusimos rumbo al norte de la isla de Bawean con intención de aprovechar el viento favorable para ir derechos a la capital. Me encontraba en la cubierta de proa cuando Mike gritó desde el timón: «¡Arría la mayor!». Pensé que le había entendido mal; no parecía haber motivo para hacerlo, pues habría reducido enormemente la velocidad del barco. Pero de pronto se desinfló: Mike había puesto el Islander a bolina. El foque cayó sobre la cubierta. La voz de Mike dejó traslucir su urgencia: «¡Que arríes la puta mayor, Ruth!».

Para cuando había soltado la driza, vi que una lancha de madera, de seis metros y motor fueraborda, se había detenido a nuestro lado con cuatro hombres a bordo. Todos iban armados, tres con rifles automáticos, mientras que el cuarto estaba apostado tras un arma estacionaria que, a mis ojos más bien ignorantes, parecía una bazuca. Nuestra supuesta ruta segura no había funcionado: los piratas nos habían encontrado.

Después de que las autoridades nos advirtieran, Mike y yo habíamos acordado que, si nos topábamos con piratas, los invitaríamos a bordo, nos mostraríamos amables y, sobre todo, no dejaríamos de sonreír. Habíamos escondido los pasaportes, el dinero y los papeles de importancia por si las moscas.

—¡Mierda, Ruth, tú sonríe, cojones! —me apuró Mike entre dientes—. ¡Ayuda al tipo a subir a cubierta!

Con el rostro contraído en una mueca, amarró su soga a nuestra banda de estribor mientras yo ayudaba a los hombres a subir al velero. «Selamat datang, selamat datang», repetía una y otra vez, dándoles la bienvenida a bordo. Ese venía siendo todo el indonesio que sabía, así que no dejé de repetirlo hasta que Mike me ordenó que me callara.

Les ofreció a nuestros «invitados» una botella de whisky, que aceptaron con una sonrisa y se pusieron a beber a morro. Dos hombres empezaron a registrar el balandro y cogieron lo que se les antojaba: ropa, cuerdas, comida, mantas, el whisky que le quedaba a Mike, nuestra vela de fortuna, un bidón de combustible, hasta una cazuela y un cubo. Nosotros mirábamos sentados en la bañera sin mover un solo músculo mientras los otros dos hombres nos apuntaban con las armas. Cuando terminaron de cargar todo en su pequeña lancha, nos estrecharon la mano con cortesía y nos dieron las gracias. Yo bajé a coger mi cámara, que como si de un milagro se tratase esperaba tras la mesa de cartas. Les pregunté mediante gestos si podía hacerles una foto.

—¡Por Dios, Ruth, deja que se larguen! —siseó Mike.

Entonces vio que los cuatro posaban para mí, con las armas apuntando en otra dirección. Uno de ellos hasta sonreía a la cámara. Tomé una foto a toda prisa.

—*Terima kasih*, gracias —les dije. Y con las mismas, pusieron en marcha el motor fueraborda, se despidieron con la mano y se alejaron en dirección norte—. ¿No lo ves? —le expliqué a Mike—. ¡Ahora tenemos una foto suya que podemos presentar a las autoridades!

Echamos un vistazo al barco. Estábamos bien, seguíamos vivos y contábamos con comida suficiente para llegar a Yakarta. Teníamos nuestras velas, nuestras cartas de navegación, una brújula fija, el dinero y los pasaportes. Mike se dolió por el alcohol —«¡Joder, me he quedado sin whisky!»—, pero ambos sabíamos que habíamos tenido suerte.

Arribamos al ajetreadísimo puerto de Yakarta, rodeados de grandes buques mercantes procedentes de todo el planeta, y acabamos atracando frente al club náutico. El Islander era el único velero, pero nos dio la bienvenida el patrón estadounidense de un yate a motor de noventa y siete toneladas. Nos ofreció una ducha caliente y comida, lo que nos pareció surrealista después de lo que habíamos vivido.

Al volver al Islander descubrimos que nos habían robado... otra vez. Habíamos creído como tontos que estaríamos seguros amarrados frente al club. Toda la ropa de Mike había desaparecido, al igual que algunas prendas mías, incluida la ropa interior; también faltaban los prismáticos, la grabadora, el resto de la cubertería y el último bidón de combustible, que los piratas nos habían dejado en un gesto de generosidad. Por suerte, los ladrones no habían localizado los pasaportes, los papeles, las cámaras ni el dinero.

Al día siguiente fui a la ciudad a revelar las fotos para poder denunciar la piratería y el robo. La imagen era buena dentro de lo razonable; no estaba lo bastante clara como para reconocer a los implicados, pero puede que sí las armas y la lancha. La policía me escuchó, aunque estaba claro que no les interesaba el caso. Les mostré en un mapa el punto exacto donde nos habían abordado.

—¡Aquí, justo aquí, y a plena luz del día!

Uno de los policías suspiró y posó el dedo en el mapa.

—Y desde ahí pueden haber puesto rumbo a Malasia o Célebes y haberse escondido en cualquiera de los cientos de islas a lo largo de nuestro litoral —respondió—. ¿Dónde quiere que empecemos a buscarlos? —Me clavó la mirada, esperando una respuesta.

—De nosotros se alejaron en dirección norte.

—Derechos a un prao en el que descargar, recibir su pago y desaparecer hasta que llegue el siguiente pringado.

Desde que habíamos dejado Irian Occidental/Papúa, habíamos visto con frecuencia praos —pequeñas embarcaciones con batanga—, a veces con velas y otras con fuerabordas. Los pocos que se nos habían aproximado parecían amistosos. Me sentí idiota al darme cuenta de que no había nada que hacer. Era un golpe bien organizado.

—Bueno, ¿y lo de que nos robaran justo delante del club náutico? —pregunté.

Una vez más, el caso no podía darles más igual.

—¡Tenemos cinco millones de personas! —contestó un oficial encogiéndose de hombros—. Considérense afortunados de seguir teniendo el barco.

Me tendió el pasaporte y la foto de los piratas; a continuación, con gesto frustrado, me despidió en la puerta.

El 1 de diciembre de 1971 llegamos por fin a Singapur: ¡abarrotada y segura! Tras pasar por Aduanas e Inmigración me apresuré a llamar a casa, pues llevaba seis semanas sin recibir ninguna carta. Mamá me dijo que había estado enferma, pero que ya se encontraba mejor. No tenía ni idea de que, en realidad, le habían diagnosticado un cáncer.

Recogí un montón de misivas en la oficina de correos,

incluida una de Matt desde Rabaul diciéndome que había mucho trabajo para mí en la ciudad y que estaba esperando a que volviera para poder casarnos. Lo llamé y le expliqué que habíamos organizado todo para dejar el velero en dique seco para que nos lo repararan. Debía buscar trabajo porque no tenía dinero y no, no iba a dejar que él me pagara el billete de avión. Estaba retrasando mi regreso a Papúa Nueva Guinea.

Con el Islander varado, Mike regresó a Australia para trabajar allí durante tres meses. A mí me habían ofrecido empleo en Singapur, en una agencia de chicas de compañía que pagaba excepcionalmente bien. Bronwyn, una australiana alta y pechugona que venía de otro yate anclado frente al Changi Sailing Club, me explicó que la agencia para la que trabajaba necesitaba más chicas europeas.

—¿Tengo que acostarme con los tipos?

—Eso depende de ti. Puedes ser su acompañante esa noche, cenar, bailar y luego volverte a casa. Pero si te acuestas con ellos ganarás un montón de dinero. No está tan mal, en serio, Ruth. ¡Es dinero fácil!

La parte de acompañar a los hombres sonaba bien y de verdad que no tenía un centavo, así que firmé. Cuando la mujer al cargo comentó que era «menuda, sin tetas, sin ropa bonita, ¡tal vez no sirvas!», tampoco se lo discutí. Bronwyn se encargó de conseguirme vestidos, con los que me sentí muy extraña después de haberme pasado meses en camiseta y pantalón corto.

Mi primera salida como chica de compañía fue con Bronwyn y dos hombres de negocios chinos. Nos recogieron en taxi y nos llevaron a un hotel. Yo estaba nerviosísima y Bronwyn no paraba de decir «¡Tú piensa en la pasta!».

Nos llevaron a cenar y, por suerte, ambos hablaban inglés, así que conseguimos conversar. Bronwyn coqueteaba sin cortarse con el mayor de los dos. «Tendrá más dinero», me dijo entre dientes.

A continuación, los hombres quisieron ir a bailar. El de Bronwyn tenía la cabeza metida en su fabuloso escote, con las caderas clavadas en las de ella mientras se deslizaban con lentitud por la pista. En cuanto a mí, mantenía a mi pareja a una distancia prudencial. Era un poco más alto que yo, le olía el aliento, tenía el pelo aceitoso y la mano demasiado larga.

—¿Quieres acostarte conmigo? —me preguntó.

—No.

—¿Cuánto quieres por acostarte conmigo?

—¡Nada!

—¡Ah, qué barato! —rio. Me di cuenta de que no me había entendido.

—Lo que quiero decir es que no voy a acostarme contigo.

—Te pagaré en diamantes, puede que eso te haga cambiar de opinión —me dijo con una sonrisa pícara.

Lo aparté de un empujón, agarré a Bronwyn del brazo y la saqué de la pista de baile.

—Quiero irme; no puedo hacerlo —le dije.

Con gesto tranquilo me tendió una tarjeta para que se la entregara al taxista, me dijo dónde se alojaba y se despidió de mí hasta el día siguiente.

Aliviada por que la agencia pagara el taxi, enseguida me vi de vuelta en el Islander. Me quité aquella repugnante ropa nueva a tirones, me puse mi pantalón corto y mi camiseta, y me senté a mirar las luces brillantes de la ciudad de Singapur.

Al día siguiente, la agencia me pagó y me anunció que ya no me necesitaba. «¡Te lo dije, no sirves!», me espetó la mujer al tiempo que arrojaba el dinero sobre el mostrador. Era mucho, lo que significaba que estaría tranquila unos días, aunque mi breve carrera como chica de compañía había terminado.

HISTORIAS DE LAS LIBRERÍAS

LEX, EL ASISTENTE LIBRERO

Lex, de seis años, es un visitante frecuente de la librería. A veces arrastra tras de sí a su hermano pequeño, Joe; su hermanita, Flossy, viene con mamá. Sus padres, Sara y Dean, son propietarios de una casa de veraneo en nuestra calle, a tan solo tres parcelas.

Lex había decidido que quería ser asistente librero. De hecho, me dijo que yo podía quedarme con la librería más grande y él haría lo propio con la infantil, porque era evidente que necesitaba ayuda.

Después de echarme una mano colocando las mesas y las estanterías fuera, Lex dispuso su pequeña silla de madera junto a la puerta de su librería, desde donde podía observar lo que sucedía en la mía.

El primer día de trabajo, al cabo de muy poco tiempo, vino a informarme de que necesitaría un escritorio y un ordenador como los míos.

—En la librería infantil no hay sitio para un escritorio, Lex —respondí.

Me miró con cara muy seria.

—Bueno, pues un ordenador como mínimo. Me vendría bien.

—¿Qué crees que hago en el ordenador, Lex?

—¡No lo sé, pero puedes enseñarme! —respondió alegre.

Para entonces habían llegado unos clientes. Lex corrió hasta su librería, se acomodó en su silla junto a la puerta y se puso a observar con atención a dos niñitas mientras ojeaban los títulos.

Cuando las niñas se acercaron a mí para comprar un par de libros, Lex las siguió.

—¿Puedo cobrarles yo? —sugirió—. Los libros son de mi tienda.

Le expliqué que tal vez fuera mejor que yo me encargara del dinero, pues tenía que sacar los libros de la base de datos.

Cuando dejaron de entrar clientes, le pregunté a Lex si entendía cómo funcionaba el dinero.

—No, pero puedes enseñarme tú.

—¿Qué tal lees?

—No sé leer muchas palabras, pero puedo ver los dibujos, y papá y mamá me leen en alto. Mamá me ha dicho que lleve todas las noches algún libro a casa.

—¿Qué te parece si tú saludas a todo el mundo y hablas con los niños que entren en tu tienda?

Aceptó la nueva descripción de su puesto. Luego se puso a caminar de una tienda a la otra a la espera de nuestros siguientes clientes. Cuando llegaron dos hombres, Lex fue hasta ellos y exclamó «¡Hola!» con toda la confianza. Luego volvió corriendo hasta la librería infantil y se apostó de nuevo en su silla.

Después llegó una niña para devolver tres peluches que se había llevado para dormir: un conejito rosa llamado Pinky, el camello Camo y el gato Mornington. Lex recogió con orgullo los muñecos, le dijo que habría que darles un baño y me los trajo.

La segunda mañana, Lex llegó con una preciosa camisa de cuadros azul y, en lugar de ir descalzo, llevaba calcetines y zapatos. Me informó de que ese era su uniforme.

—Estás arrebatador —le dije.

Mientras me ayudaba a preparar las tiendas, le expliqué por qué todo el mundo debía registrarse por el covid.

—¡Lo sé! ¡Lo sé! De lo contrario se pondrán enfermos y no podrán volver al colegio.

—Exacto. Así que, a partir de hoy, debes decirles a los clientes: «Hola. Regístrense, por favor».

Una pareja aparcó el coche delante de la tienda y, antes de que se bajaran, Lex apareció a su lado, los miró fijamente y dijo: «Hola. Regístrense, por favor». Luego se dio la vuelta de golpe y echó a correr de vuelta a su librería con una sonrisa de oreja a oreja.

En ocasiones, Lex se tomaba un descanso y dejaba sus dominios para venir a ver cómo iban las cosas en mi librería. Una vez se puso al lado de un cliente que estaba hojeando un libro sobre ganadería y soltó: «Este lo he leído, ¿sabe?». Cuando le preguntó de qué iba, Lex, que había visto una foto de una oveja en una de las páginas, respondió ni corto ni perezoso: «De ovejas».

Lex venía a trabajar durante una hora y media todas las mañanas siempre que no tuviera nada que hacer en casa. Anunció a sus tías, tíos, abuelo y demás allegados que estaba ganándose un sueldo porque era asistente librero. Cuando alguien le pedía que hiciera algún recado, negaba con la cabeza y decía: «No, Ruth me necesita».

14

Cartas desde casa

Como se acercaba la Navidad, me ofrecí a cuidar los barcos cuyos propietarios y tripulación querían volver al Reino Unido, Australia y Estados Unidos para las fiestas. Los cuidados incluían organizar el varado de pequeñas embarcaciones y prepararlas para su siguiente travesía oceánica, ya fuera por el océano Índico hasta África o subiendo hasta el golfo de Tailandia. Mike quería que volviera al Islander y poner rumbo a África en algún momento del nuevo año.

Sin embargo, tras un buen número de llamadas telefónicas de Matt, decidí regresar a Rabaul y casarme. Me había empeñado en costearme yo el viaje, que no era barato, pues debía hacer escala en Australia. El vuelo de Singapur a Melbourne valía 385 dólares neozelandeses y después debía volar a Brisbane, y de ahí a Puerto Moresby y a Rabaul en un DC-3, que valía otros 475 dólares. Cuando descubrí que no había plazas en ningún vuelo a Papúa Nueva Guinea hasta mediados de enero, me dispuse a matar el tiempo subiendo hasta Kuala Lumpur y posiblemente Bangkok. No reservé nada por miedo a que alguna tragedia inesperada saboteara mi oportunidad de ser feliz.

Después de comprarme ropa nueva en el Mercado de los Ladrones de Singapur y con más de mil quinientos dólares ahorrados, cargué el petate y me subí al tren nocturno a Kuala Lumpur, donde me quedé en un albergue juvenil a treinta y tres centavos la noche.

Luego empecé a hacer autoestop para llegar a Bangkok y enseguida me recogió un hombre de negocios malasio en un Mercedes. ¡Quién lo iba a imaginar! La guerra de Vietnam cumplía su duodécimo año y, a pesar de que las fuerzas de Nueva Zelanda se retiraron en 1970 y 1971, la guerra no acabó hasta 1975, cuando Estados Unidos, que había brindado su apoyo a la República de Vietnam en el sur, acabó reconociendo la derrota. Fue la primera guerra en la que Nueva Zelanda no luchaba junto a nuestro tradicional aliado, Gran Bretaña. Antes bien, nuestra participación reflejaba unos lazos cada vez más estrechos con Estados Unidos y Australia en materia de defensa.

La implicación de Nueva Zelanda en Vietnam fue muy controvertida y provocó protestas y condenas tanto dentro como fuera del país. En 1971, unas treinta mil personas se manifestaron por todo el territorio, lo que obligó a repensar nuestra política exterior y, por último, a la retirada.

Llegué a Butterworth, una base aérea australiana en Penang, Malasia, donde se encontraban estacionados algunos militares estadounidenses para su R&R (*Rest and Recreation*, o «reposo y recuperación»). Fue entonces cuando decidí que, ya que andaba cerca, probaría a ir a Camboya para ver si entendía así las políticas tras la guerra. Llamé a casa antes de dejar Butterworth y le conté a mi familia que mi siguiente parada sería Bangkok, donde recogería el correo y pediría un visado para entrar en el país.

Bangkok había crecido deprisa tras la Segunda Guerra Mundial, como resultado de la ayuda estadounidense y la inversión del Gobierno. Durante la guerra de Vietnam, miles de soldados americanos fueron a la playa de Pattaya, a unos cien kilómetros de la ciudad, para su R&R. Así, el pequeño pueblo de pescadores se convirtió en uno de los mayores barrios rojos del mundo. Los militares a veces llamaban a estos permisos I&I (*Intoxication and Intercourse*, o «borrachera y fornicio»), confirmando así su condición como destino de turismo sexual. Los tres días que pasé en la playa de Pattaya me incomodaron; vi a numerosos jóvenes, hombres y mujeres, haciendo la calle y en los bares. Había drogas al alcance de la mano y fue allí donde fumé hachís por primera vez; como no fumadora, tuve la suerte de que la experiencia me desagradara.

Al llegar a Bangkok, me fui derecha a la oficina de correos para recoger mis cartas. Encima del montón había un telegrama de casa que había llegado la semana anterior:

> Mamá muy enferma. Ven a casa rápido. Con cariño tía

Llamé de inmediato. Mi madre tenía un cáncer terminal.

Cinco días después despegaba desde Singapur. Llevaba más de tres años sin pisar mi casa.

Papá me recogió en el aeropuerto de Christchurch. Llevaba su distintiva gorra inglesa, estaba pálido y tenía los ojos azules enrojecidos. Mi único equipaje era el petate de la Armada, que se echó al hombro con facilidad sin que ninguno de los dos abriéramos apenas la boca. Mamá era su primer y único amor; se habían casado muy jóvenes y se habían adaptado a la perfección, estaban hechos el uno para el otro. Mi madre solo tenía cuarenta y seis años.

En aquel momento vivían en Riccarton. Papá trabajaba en el turno de noche de la fábrica de cerámicas Crown Lynn para poder pasar el día con ella. Funcionaba en piloto automático: no silbaba, era como una presencia silenciosa y pesada.

Mamá siempre había sido una mujer menuda y llena de energía, de mirada vivaracha y un maravilloso cabello rojizo. Estaba esperándome sentada en el sofá y los ojos se le llenaron de lágrimas cuando atravesé la puerta. Era el primer día de los preciosos cuatro meses que llegamos a compartir.

Vivían en una casa soleada de dos habitaciones en una única planta, que formaba una hilera de cinco en un callejón. Aunque papá trabajaba por las noches, apenas dormía durante el día, por lo que, ahora que yo había vuelto y habíamos establecido una rutina, se pasó al turno diurno. El amor de mis padres era evidente: papá le compraba flores, le leía poesía, le cepillaba el pelo. A menudo los encontraba tumbados en la cama, envueltos en los brazos del otro. En cuanto yo le ponía la inyección de morfina, mamá se quedaba dormida acunada por papá, cuyas lágrimas trazaban un sendero silencioso hasta la almohada.

Mis tíos vivían en la otra punta de Christchurch, así que a menudo iba allí por las noches e intercambiaba la tristeza de mi hogar por la increíble tristeza de la única hermana de mamá. Mis primos Ken y David, al igual que el tío Ivan, me ayudaron mucho durante aquellos meses, evitando que me perdiera el rumbo y rodeándome de amor. Después de todo lo que había pasado desde los dieciséis años, no estaba preparada para el sentimiento de culpa que supuso darme cuenta de que mis padres habían compartido mi dolor y no habían dejado de preocuparse por mí en ningún momento.

—En casi todas tus cartas acababas diciendo: «No os preocupéis por mí» —me dijo mi tía—. Cada vez que llegaba alguna, tu madre me llamaba y me la leía, siempre aliviada por saber de ti. Seguíamos tus andanzas en un mapa; todo era muy extraño para nosotras. Eras tan distinta de Jill, de Ken y de David... Tu madre siempre se ha echado la culpa; debes hablar con ella, Ruthie.

Así que hablamos, todos y cada uno de los días. Reímos y lloramos y por fin comprendí lo que significaba el profundo amor de mi madre. Me habló de su infancia en Lyttelton, al pie de las colinas. Su padre, mi abuelo, había sido pescador y recordaba las noches en que su madre, sentada junto a la ventana, retorcía un pequeño pañuelo de encaje por la preocupación mientras la vela se iba consumiendo, a la espera de que aparecieran las reveladoras luces de los barcos pesqueros más allá de los cabos. Me contó la historia de amor de cuando conoció a mi padre, sus primeros años de matrimonio y la llegada de Jill y la mía. Era evidente que desde el principio yo les había dado guerra. Tal vez por eso papá y yo nos llevábamos tan bien: teníamos personalidades parecidas.

Su cuerpo se iba consumiendo a ojos vista mientras su mente permanecía lúcida y alerta entre los accesos de dolor y las inyecciones de morfina. Su tierna sonrisa, que se dibujaba con facilidad cuando le tomaba la mano y le leía, está grabada para siempre en mi memoria. Es fácil embellecer los recuerdos con el paso de los años, pues estos cambian por mucho que una no quiera. Añadimos unos hechos, otros los olvidamos y la historia reescrita se convierte en verdad. Pero, cuando rememoro el tiempo que pasé con mi madre, siendo testigo de su muerte lenta, recuerdo con nitidez su valentía y su fortaleza interna, cómo me limpiaba las lágrimas con mano cariñosa, cómo me acariciaba la mejilla con los ojos colmados de amor. Mi madre más que nadie sabía por qué llevaba una vida tan arriesgada. Había sido ella quien me brindó la libertad de huir.

Cuando se abrían las cortinas que comunicaban su dormitorio con el salón, el sol matinal penetraba cálido por todas las habitaciones. Papá siempre decía: «¡Otro hermoso día solo para ti, mi amor! El sol ha vuelto a ponerse el sombrero». Se aseguraba de que mamá estuviera cómoda y luego le daba un beso cariñoso. «Me marcho, Ruthie, os veo esta noche» y con las mismas se iba a trabajar, la fiambrera del almuerzo bajo el brazo, tras cerrar la puerta con cuidado. Había empezado a silbar de nuevo, aunque todos sabíamos que no era más que una forma de amortiguar el golpe que suponía su despedida diaria de mamá.

Yo seguía pensando en casarme con Matt, aunque no habíamos fijado ninguna fecha. Mamá me ayudó a confeccionar el vestido de novia en un tejido amarillo pálido cubierto de flores. Se sentaba en la cama y cosía a mano el encaje alrededor del cuello con puntadas diminutas y primorosas. Era largo, con la cintura ceñida, el vestido más maravilloso que jamás he poseído.

A tan solo dos parcelas de la nuestra, en la fría esquinita que formaban tres vallas colindantes, se levantaba un acebo, el único de toda la manzana. Lo habían plantado muchos años atrás, cuando la zona, verde y viva, era toda arboleda. Poco a poco habían ido derribando las viejas casas de madera y arrasando sus enormes patios traseros hasta acabar con cualquier atisbo de árbol, arbusto o cuidado jardín para hacer sitio a nuevas urbanizaciones. Los propietarios, sumisos, aceptaban el dinero y se compraban pisos para jubilados, en muchos de los cuales acababan sus días solos.

El acebo era uno de los pocos supervivientes a las excavadoras que había llegado a presenciar la «nueva forma de vida» que se imponía a través de interminables filas de tristes apartamentos y pisos con sus bloques de cemento o ladrillo, su hormigón y su piedra, fríos y grises. Luego se levantaron vallas, altas e inhóspitas, para guardar la poca intimidad que se le permitía a cada propietario. Las ramas bajas se cortaron para que las vallas pudieran ceñirse alrededor del tronco, sin dejarle apenas espacio para que retoñaran otras.

Mamá se incorporaba en la cama cada mañana para contemplar el árbol, testigo silencioso, por la ventana. «Buenos días, acebo —lo saludaba—. Los dos hemos sobrevivido una noche más». Le encantaba ver el cambio de color de las hojas con el sol, el ir y venir de los pájaros. El árbol se convirtió en su faro.

A última hora de la tarde, mamá oía silbar a papá y él le veía la alegría en la cara, el rubor asomando en sus mejillas. Yo la sentaba en el sofá con el cabello cepillado y la piel frágil de manos y cara suavizada por la crema.

—¿Cómo está hoy mi amor? —preguntaba papá al entrar por la puerta, sabedor de que cada minuto le arrebataba un poco más de vida, y no solo a ella, también a él.

Entonces una noche dijo:

—Acabo de escuchar a la vecina decir que van a talar el acebo. Es una verdadera lástima, no hace daño a nadie.

A mamá, atónita, se le anegaron los ojos.

—¡No puede ser! —El árbol y ella habían convivido en armonía los últimos meses; la idea de que él también fuera a morir era demasiado—. Ruthie, ve a ver y entérate de qué está pasando —me rogó.

Fui a la casa, una de las últimas originales de madera que quedaban, y llamé a la puerta. Me recibió una mujer mayor ataviada con un mandil y las gafas caídas sobre la nariz.

—¿Qué puedo hacer por ti, tesoro?

—Se trata del acebo. Me he enterado de que van a talarlo.

—Es triste, ¿verdad? Pero, por lo que se ve, los nuevos propietarios pueden meter un piso más si lo arrancan. He vendido la propiedad: ya no puedo ocuparme de la casa ni del jardín.

La mujer mostraba cierto aire de resignación.

—¿Hay algo que podamos hacer para salvar el árbol? —pregunté.

—No. Me han dicho que es demasiado viejo para moverlo y, por lo visto, de todas formas sale más barato talarlo. Pero no van a hacerlo hasta que me haya ido. Al menos me lo han prometido.

Le conté lo de mamá y lo importante que el árbol era para ella. Luego me fui antes de que la anciana me viera llorar.

Mi padre negó con la cabeza cuando se lo comuniqué.

—No se lo digas todavía a tu madre.

Papá quería pasar a solas con ella las últimas semanas de su vida, por lo que reservé mis vuelos a Papúa Nueva Guinea. Matt estaba encantado; llevaba diez meses esperando pacientemente. Habíamos fijado la fecha para la boda, que tendría lugar unos días después de mi llegada a Rabaul.

Enseñé a papá a ponerle a mamá las inyecciones de morfina; le di la tabarra con cómo debía ahuecarle las almohadas, masajearle las manos y los pies, y cómo anotárselo todo al médico. Luego se cogió vacaciones para pasar el trance con ella.

El día que me marché me sentí vacía, agotada, reventada. Mi madre me había dicho que era lo que querían los dos, tiempo juntos para despedirse, y que estaba feliz de que al menos fuera a sentar la cabeza con alguien tan especial como Matt.

—¿Cuántos hombres habrían esperado tanto tiempo, Ruthie? —me preguntó—. Ese hombre te quiere; ahora ve y quiérelo tú también.

Los tíos me llevaron en coche al aeropuerto. Papá se quedó a la puerta de casa, encogido, consumido, derrotado. Cuando nos abrazamos, me dio las gracias y, a continuación, con su ademán brusco, soltó:

—¡Hale, largo!

Luego, con media sonrisa y mirada triste, se dio la vuelta y cerró la puerta.

15

Perdiendo pie

Volver a dejar Nueva Zelanda, y esta vez con mi madre moribunda, me pareció como cerrar otra puerta más, apagar la luz y bloquear por completo mis emociones. En muchos sentidos recibía la oscuridad con los brazos abiertos, pues me permitía dejar a un lado los recuerdos dolorosos y seguir avanzando.

Mi antídoto para la tristeza eran nuevas aventuras y riesgos. No le temía a nada; lo peor que podía pasar era que muriera.

Sabía que el caos ininterrumpido era ahora mi normalidad. La única forma de seguir adelante implicaba ignorar el pasado, centrarme en el futuro y no dejar de moverme.

Matt me esperaba en el aeropuerto de Rabaul con una sonrisa enorme, franca y llena de amor. Me arrojé a sus brazos y lloré lágrimas de felicidad, vergüenza... y confusión. Qué distintos éramos. Tres años menor que yo, me había esperado casi uno sin cuestionar en ningún momento nuestra relación. Todo estaba organizado para celebrar la boda el 1 de junio de 1972, tres días más tarde. En esa fecha, rodeada de amigos, me convertí en su esposa.

Mi madre murió cuatro días más tarde, el 5 de junio, pero no me enteré hasta recibir un telegrama el día 7:

> Mamá murió tranquila lunes 5 mañana. Funeral hoy. Muy bonito. Mucho cariño papá Jill Colin y tía

Algunos recuerdos están grabados con tanta claridad en la mente que, cuando una los rememora, no hay telarañas ni neblinas. Recuerdo estar sentada en el borde de la cama con Matt, el telegrama en la mano, y, al cerrar los ojos, ver el rostro de mamá, oír su voz, sentir su tacto, hasta oler su aroma.

Aunque nos habíamos despedido, el telegrama me llenó de aflicción. Sabía que mi madre no había tenido una muerte plácida. Yo había sido testigo de su sufrimiento, sobre todo justo antes de irme.

A lo largo de la vida, la muerte me había visitado con frecuencia, así que había aprendido a bloquear el dolor desgarrador que me consumía y me empujaba a la depresión.

El Departamento de Aviación nos proporcionó a Matt y a mí una casa y, con ella, un *haus boy* llamado Peter. Peter era tolái, el pueblo indígena de la península de Gazelle. «Boi» era la palabra con la que los colonialistas británicos se referían a los hombres indígenas y fue adoptada por los expatriados. Prohibida en los años cincuenta, fue sustituida por la grafía inglesa *boy*. Yo no quería tener un criado, pero era lo que se esperaba de nosotros: ofrecíamos así trabajo, salario y alojamiento a alguien local. Peter vivía en una cabaña de hormigón con el suelo de tierra en nuestro patio trasero. Cocinaba en el exterior y se lavaba con un cubo en la parte posterior de la cabaña. A mí aquello me parecía mal, viviendo como vivíamos nosotros, en una casa de dos habitaciones con todas las comodidades y los lujos.

Muchos lugareños mascaban nuez de areca, la semilla dulce de la palma homónima, que tiene efectos estimulantes. Allí se conocía como *buai* y se mascaba junto con un palito de mostaza impregnado de cal fina, óxido de calcio mezclado con agua. La nuez de areca les teñía de rojo la boca, les pudría los dientes y les provocaba cáncer. Todavía es una práctica popular en la zona; según la Organización Mundial de la Salud, casi uno de cada quinientos nuevos casos de cáncer bucal y de orofaringe en todo el mundo se produce en Papúa Nueva Guinea.

Rabaul nunca había sido del todo una ciudad tolái, sino sobre todo una ciudad de expatriados, construida como muestra de poderío colonial. Los papúes y los chinos vivían en los arrabales, con sus propias tiendas y sus chabolas. Durante mi primera estancia había hecho muchos amigos entre la comunidad china, así que enseguida me sentí bienvenida. Algunos esperaban que retomara el oficio de «apuntadora» y me sumara a las timbas nocturnas, pero ahora era una mujer casada y debía considerar la reputación de Matt. Me parecía arriesgado volver a trabajar para un corredor de apuestas ilegales.

Justo después de la boda, llegaron a Rabaul el controlador aéreo Rod Thomas y su esposa, Pam. Las dos entablamos enseguida una amistad que hoy se mantiene tan fuerte como entonces. Aunque éramos muy distintas, Pam supuso un gran apoyo para mí, con mi actitud insolente, extrovertida y arriesgada, como ella misma la describía. Era muy glamurosa, con una larga melena rubia, un cuerpo escultural y un armario fantástico, pues trabajaba en una pequeña *boutique* de la ciudad. Ella siempre estuvo a mi lado, pero, a pesar de nuestra relación estrecha, jamás le conté mi historia. Tenía un pasado demasiado difícil y lo único que quería era mirar hacia delante y seguir avanzando.

Al principio trabajé en el hotel Cosmopolitan, pero luego me ofrecieron un puesto de auxiliar de enfermería y chófer de la cirujana ortopédica Marion «Mattie» Radcliffe-Taylor, una doctora neozelandesa que llevaba más de veinte años en Rabaul. Se había licenciado en la facultad de Medicina en 1922, «en una época en la que las médicas eran consideradas poco de fiar», me contó una vez. Había trabajado en el hospital de Dunedin como cirujana interna antes de marcharse a Londres con la esperanza de que la admitieran como becaria del Royal College of Surgeons. Cuando descubrió que en la capital a las mujeres no se les permitía asistir a las lecciones magistrales, se fue a Edimburgo. Una vez colegiada, regresó brevemente a Nueva Zelanda antes de poner rumbo a Australia Occidental. Tras un matrimonio fallido, viajó a Papúa Nueva Guinea en 1954. Como feminista acérrima, le sacaba de quicio que las mujeres no recibieran el mismo sueldo por el mismo trabajo que los hombres, por lo que abrió su propio consultorio en Rabaul, especializado en ortopedia.

Mattie y yo nos convertimos en grandes compañeras, pues las dos estábamos deseosas de ir más allá de los límites impuestos y nos negábamos a seguir «la norma»; fue entonces cuando descubrí que yo también era feminista. Por todo el mundo, las mujeres se estaban levantando y exigiendo igualdad salarial, desafiando las carreras dominadas por los hombres y, sí, desterrando los sujetadores.

—¿Por qué demonios lo llevas, Ruthie? —me preguntó Mattie a las pocas semanas de empezar a trabajar para ella—. ¡Deshazte de él!

Y eso hice, salvo cuando llevaba ropa liviana y semitransparente o jugaba a algún deporte. Gracias a Dios que no tenía mucho pecho.

Recorríamos toda la isla de Nueva Bretaña en coche, pasando consulta en las aldeas, asistiendo a partos, recolocando huesos rotos. Mattie realizaba operaciones menores y administraba medicamentos. La Organización Mundial de la Salud la había contratado para que recogiera muestras de agua, pues se estaba investigando la propagación de dos mosquitos, el del dengue y el de la malaria, ambos muy comunes. Tomábamos pastillas de sulfato de quinina para prevenir esta última, pero no había ningún fármaco preventivo para el dengue. Gran parte de nuestro trabajo consistía en educar a los aldeanos para que se protegieran y mantuvieran limpia el agua.

Se me acabó conociendo como *liklik meri dokta* («la pequeña doctora»), mientras que Mattie era la *gutpela tumas dokta* («la mejor doctora»). Aunque todo el mundo la conocía, yo tenía instrucciones precisas de que, si en un momento dado tenía la mala suerte de atropellar a alguien, no me detuviera, porque debido al sistema de represalias podíamos acabar muertas. Siempre viajábamos con los seguros de las puertas echados.

Tras las elecciones generales de Papúa Nueva Guinea de

1972, Michael Somare había formado un gobierno de coalición que prometió al país el autogobierno y, más adelante, la independencia. Muchos expatriados de Rabaul decidieron marcharse por miedo a que hubiera llegado la hora de los «dictadores colonialistas». No obstante, más allá de algún pequeño levantamiento, la vida siguió como siempre para nosotros; nunca nos sentimos amenazados. Mattie estaba encantada de poder ser testigo de la independencia de un pueblo al que, con los años, había terminado por amar.

Pasaba consulta cinco días a la semana. Era una mujer extraordinaria: llena de energía, impulsada a ayudar siempre a la gente y, a menudo, sin cobrar por ello. El trabajo era interesante y a veces emocionante, hasta que enfermó de encefalitis y hubo que trasladarla con urgencia de vuelta a Australia. Nunca regresó, lo que debió de romperle el corazón.

Jamás la he olvidado; muchas de las decisiones que luego tomé en la vida se debieron a las semillas sembradas mientras trabajaba con ella.

Cuando Mattie dejó Rabaul, decidí abrir una pequeña cafetería junto al Travelodge. El primer gasto fue en los honorarios de un abogado:

> Por mis costes profesionales de representación en la compra de una cafetería en el edificio Travelmal, incluyendo la preparación de una escritura de cesión, la asistencia a la ejecución de todas las partes, la solicitud del nombre del negocio e información puntual al respecto.

Me costó 38,54 dólares neozelandeses. El sello fue un dólar.

La oficialísima escritura de cesión, un enorme documento de tres páginas estampado con el sello común de Rabaul Motel Pty. Ltd., fue firmada el 8 de julio de 1974.

¡El Appletiser había abierto sus puertas! En las primeras doce semanas, mis ventas ascendieron a más de siete mil dólares, con un beneficio neto de mil ochocientos. El salario medio en Australia a mitad de los años setenta rondaba los siete mil, así que estaba encantada. No abría más que seis horas al día y me encargaba de toda la comida; la cafetería pronto se llenó de clientes y, a menudo, alcanzaba el límite de su capacidad.

Con Cat Stevens, Diana Ross, los Beatles y Elvis Presley de fondo, sacaba la comida de una minúscula cocina en la que solo cabían dos personas. La hora del almuerzo era una locura y, con frecuencia, también un caos. Estaba formando a dos chicas locales como asistentes. Pam, mi mejor amiga y mayor apoyo, recuerda un día en que le pedí que cerrara la puerta en mitad de la hora punta y avisara a todo el mundo de que estábamos cerrados. Puede que fuera uno de los días en que nos quedamos sin existencias porque una de las chicas se había olvidado de comprar víveres en el mercado.

Durante aquella época recibí buenas noticias de mi padre. Desde la muerte de mamá, papá había salido con un par de señoras; como estaba hecho un romántico, las había cortejado con dedicación y firmeza. Tendía a contar alguna mentirijilla sobre su edad, por lo que, cuando conocí a Brenda, su primera novia, se llevó una sorpresa al descubrir que solo me sacaba un par de años... ¡Desde entonces, llamaba a mi padre su «caballero de la armadura oxidada»! Brenda corría maratones y tenía un precioso pastor alemán. Mientras competía, papá la esperaba en la línea de meta con el perro, cumpliendo su promesa de ser su leal equipo de apoyo siempre que no tuviera que correr él.

Después de Brenda, papá conoció a Joan por medio de su hermano Gibby, un amigo de los tiempos de Naseby. Papá entró en modo cortejo total para encandilarla, con ramos de flores, cajas de bombones en el buzón y excursiones de domingo perfectamente orquestadas. Joan era viuda desde hacía unos años y Gibby pensaba que papá sería la respuesta para que tanto ella como él recuperaran la alegría de vivir. ¡Y funcionó!

Estaba en Rabaul cuando me llegó la invitación a la boda, que fue toda una sorpresa; no me había dado cuenta de que mi padre tenía una relación seria. Matt y yo volamos a Christchurch para el enlace. Sería el momento en que conocería a mi familia, su primer viaje a Nueva Zelanda. Papá estaba encantador, reía sin parar, contaba chistes y hasta se marcaba algún bailecito por la casa. Hacía siglos que no lo veía tan feliz. Joan era una mujer muy seria y una católica convencida, por lo que se casaron por la Iglesia. Cocinaba fatal, pero papá le echaba una mano y ambos formaban un gran equipo.

Mi historia de amor con Matt iba bien; nuestra relación era sólida y vivíamos en una comunidad que nos brindaba mucho apoyo. Yo jugaba al squash y me uní al equipo de hockey South Pacific Lager, empecé en las Rangers de Rabaul —un grupo de guías femeninas para adolescentes— y escribía relatos infantiles para el periódico local, el *Island Trader*. Teníamos una vida social estupenda y fuimos de vacaciones a Islas Salomón y Australia, incluida Tasmania.

Tenía todo lo que una mujer joven podría querer, incluido —y sobre todo— un marido de lo más comprensivo.

Mi vida iba viento en popa, no me sobraba ni un minuto. La cafetería había crecido hasta el punto de tener que emplear a otra expatriada para que me ayudase con la bollería y a llevar el negocio. Pero, entre tanta felicidad, notaba que iba perdiendo pie. No entendía por qué de repente no pegaba ojo. Estaba empezando a beber mucho: Bacardí con Coca-Cola, cócteles Golden Dream y vino barato. ¿Era porque el contrato de Matt estaba a punto de acabar y nos planteábamos mudarnos a Australia? ¿O porque habíamos hablado de formar una familia? Por primera vez, empecé a sentir miedo.

En muy poco tiempo, mi vida cambió por completo. El castillo de naipes que había construido por encima de mi pasado se estaba derrumbando… otra vez. En vez de trabajar en ello con Matt y de hablar con mis amigos, vendí la cafetería, guardé mis cosas en cuatro cajones de madera y, de la noche a la mañana, me marché de Rabaul.

Estaba huyendo una vez más.

HISTORIAS DE LAS LIBRERÍAS

POR FAVOR, LEA EL CARTEL

En Manapouri, en la esquina de Home Street con Hillside Road, tengo un cartel que dice ABIERTO. También aparece escrito en una pizarra delante de las dos tiendas.

Esa mañana en concreto estaba sentada al pequeño escritorio de la librería principal. Las estanterías de las dos tiendas estaban llenas, al igual que las de fuera, y las puertas se encontraban de par en par.

Una estadounidense de mediana edad llegó, se quedó parada en el umbral y se asomó. Antes de que yo pudiera decir nada, preguntó:

—¿Está abierto?

Dudé unos segundos mientras la mujer me veía dentro de la tienda y a través de la puerta abierta. Sonreí y respondí:

—Sí.

—¡Oh! —Parecía sorprendida. A mí me sorprendió que se sorprendiera. Entonces prosiguió con otra pregunta—: ¿Vende libros?

¿Cómo responde a algo así una librera rodeada de libros? Mi cerebro cortocircuitó y lo único que me salía era: «No, esto es una carnicería». Lo que hice fue quedarme mirándola, por lo que al final se dio la vuelta y se marchó.

16

No entres dócilmente

Me registré en un hotel en Brisbane con la intención de quedarme una sola noche antes de continuar a Sídney o Melbourne en busca de trabajo. Los cajones de madera con mis pertenencias los envié a Sídney, donde había organizado su almacenamiento indefinido. La única maleta grande que llevaba conmigo contenía un montón de ropa y algunos objetos personales muy queridos, lo suficiente —me parecía— para empezar una nueva vida. Aún no había cumplido los veintinueve.

No tenía ningún plan, pero sí el corazón roto y en carne viva, además de la mente llena de recuerdos de Joshua y del imponente cementerio en el que descansaba su diminuto cuerpecito. El dolor que los acompañaba era aplastante. Allí estaba yo, de vuelta en Brisbane. ¿Cómo no iba ir a visitar su tumba?

Tomé el autobús hasta el cementerio y me senté en mitad de las filas de asientos; solo había un pasajero más sentado delante del todo, charlando despreocupado con el conductor. En una ciudad normalmente soleada, la lluvia intensa había hecho que la gente se quedara en casa a pesar de que era puente. Yo no dejaba de retorcer el pañuelo azul pálido que tenía entre las manos, señal clara de mi creciente inquietud.

El autobús se detuvo con un chirrido de ruedas sobre la calzada húmeda.

—Esta es su parada, señora —dijo el conductor alzando la voz.

Bajé los escalones y abrí el paraguas. Aunque iba vestida de otoño, no dejaba de temblar mientras la lluvia de media mañana pintaba un retrato deprimente del extrarradio. El agua salpicaba alrededor de mis botas de cuero altas y los bajos de la gabardina larga se iban oscureciendo a medida que se mojaban.

Había hecho todo lo posible por mantener la calma y el control en el autobús, pero en cuanto me bajé me dominó la emoción. Rompí a sollozar, me costaba hasta coger aire. Tiré el paraguas a un lado; el viento lo recogió y lo hizo rodar por la carretera. Mis pasos se convirtieron en una leve carrera; luego, desesperada por llegar al cementerio, aceleré cada vez más hasta que, al llegar a lo alto de la colina, vacilé; mis pies se volvieron pesados. Levanté la cabeza con esfuerzo y me limpié con la mano la mezcla de lluvia y lágrimas. El camposanto católico se extendía ante mí.

Desde la carretera, la gente enseguida se formaba la impresión de que se trataba de un lugar de descanso para las élites. Nada más entrar se erigían ostentosos panteones de ladrillo, enormes y llenos de falso orgullo. Las puertas de cristal cerradas impedían el paso a los vándalos, pero invitaban a los curiosos a contemplar el boato de las familias italianas allí enterradas. Los Giovanni —Bruno, Maria y Anna— señalaban el lugar de su último descanso con largas lápidas de frío mármol.

Separadas por una respetuosa franja de hierba verde se encontraban las tumbas corrientes de la gente normal, con sus mensajes discretos de pena, amor y dolor. La presencia de ángeles de piedra, cruces y alguna Virgen postrada delataba que se trataba de un lugar de entierro católico.

Por inmenso que fuera el cementerio, sabía el lugar exacto donde se encontraba la tumba de Joshua. Conforme pasaba junto a los costosos mausoleos, las capillas imponentes, los grandes monumentos y los bonitos senderos de piedra blanca, mi ira iba en aumento. Las filas ordenadas de tumbas descendían por la pendiente de la colina y quedaban ocultas desde la carretera. Al pie se encontraba la zona común, con las tumbas de quienes no podían costearse el enterramiento. Dos pequeñas hileras de sencillas cruces blancas se recortaban con tristeza sobre el cielo encapotado.

Para entonces estaba chorreando y el pelo se me pegaba a la cara y al cuello en gruesos mechones. Encorvada como si cargara con un peso enorme, bajé con paso lento por la colina. Cuanto más descendía, más blando se volvía el suelo, hasta que ya cerca de la base el terreno estaba encharcado. Mis botas cubiertas de barro chapoteaban sobre él.

Por fin llegué ante la tumba. Me detuve, levanté la cabeza y cerré los ojos. La ira desapareció y las lágrimas cesaron. Tras abrirlos de nuevo, bajé la vista a la pequeña cruz de madera, algo torcida en el suelo cenagoso. El rosal de pitiminí que había plantado pugnaba por sobrevivir.

Me agaché para tocar la cruz y leer la pequeña placa de latón.

Joshua, 13,5 horas de edad.

Breve, igual que había sido su vida.

Eché la cabeza atrás y chillé al cielo. Toda mi energía se desvaneció en el momento en que, como una anciana borracha, hinqué las rodillas y lloré. La pena, la pérdida y la aflicción de las que tanto había tratado de huir acabaron por envolverme y gemí. Bramé por los miles de muertos que yacían a mi alrededor, aullando contra el silencio de la mañana callada. Nadie podía compartir mi dolor. Estaba absolutamente sola.

No recuerdo cuánto tiempo permanecí allí, llorando rendida bajo la lluvia, pero en un momento dado empecé a temblar. Tenía las manos blancas y las puntas de los dedos azuladas bajo el barro. Me sentía desconectada por completo del mundo que me rodeaba.

La desesperación del entorno me llenó y una urgencia incontrolable se apoderó de todo mi cuerpo. Rodeé con los brazos la cruz de madera, la cruz de mi Joshua, clavando los dedos en la madera mientras trataba de arrancarla del suelo.

—¡Vas a venirte conmigo! —grité—. ¡No voy a dejarte en este maldito pantano!

El barro acabó por ceder y la cruz se desprendió del suelo, al igual que las rosas. Nadie vio mi silueta descompuesta mientras me arrastraba colina arriba cargando con la cruz. La locura se había abierto camino a mordiscos hasta mi mente.

Al llegar a la cima, bajé la vista al lugar donde había estado minutos antes. La tumba de Joshua se veía desnuda, era una pequeña mancha vacía. Solo quedaba su minúsculo cuerpecito, escondido en un cenagal de mal llamado paz.

Salí dando tumbos a la carretera. Debía de presentar una visión horrorosa, pero si alguien se me quedó mirando, no me enteré... y tampoco me importaba. Lo único que sabía era que por fin tenía algo tangible que me vinculaba a mi hijo.

Trastabillé y me caí, la cruz atravesada sobre mi cuerpo. Me levanté con esfuerzo, aferrando el madero blanco con ambos brazos. Un coche que pasaba se detuvo y una mujer se me quedó mirando con los ojos como platos mientras bajaba la ventanilla.

—¿Podemos ayudarte?

El conductor se bajó a toda prisa y rodeó el coche hasta llegar donde me encontraba. Negó con la cabeza al ver mi ropa mojada y mi cara y mis manos llenas de barro. Yo tiritaba y lloraba sin control.

—Ven, mi niña, deja que te ayudemos.

Mis ojos idos, incapaces de enfocar, se perdieron más allá de su figura, como si no estuviera.

—¿Qué es eso que tienes ahí? —me preguntó con ternura—. No parece algo que uno lleve normalmente.

No me resistí cuando me ayudó a subirme al asiento trasero del coche, abrazada a la cruz como si fuera un niño enfermo. Le costó meterla en el interior y quedó medio tumbada sobre mis rodillas, tocando el techo con un extremo.

—¿Adónde la llevamos? —preguntó su esposa con la voz teñida de un leve pánico.

—Al hospital... o puede que a la policía. Intenta hablar con ella. A lo mejor nos dice algo.

—No sé por qué has parado... No me gusta nada. Parece estar loca. ¿Y lo de la cruz?

El hombre condujo con cuidado a través de la lluvia, desviando la mirada una y otra vez al espejo retrovisor, que había movido para poder observarme agazapada en el asiento trasero.

—Stan, ¿ves lo que pone en la placa? —dijo la mujer como si no pudiera oírlos—. «Joshua, 13,5 horas de edad». ¿Crees que sería su hijo?

—Puede... Pregúntaselo.

—Esto no me gusta nada. Que se baje y ya —susurró la mujer demasiado alto—. No es asunto nuestro. ¡Stan! ¡Para el coche! —Se estaba poniendo histérica.

El hombre se detuvo a regañadientes, se dio la vuelta y contempló la triste visión del asiento trasero.

—Quiero ayudarte —me dijo, enunciando las palabras de forma lenta y clara—. ¿Me entiendes? ¿Quieres bajarte aquí?

Me miró con preocupación genuina antes de alargar el brazo y darme la mano. Mi primer instinto fue eludir el contacto físico, pero entonces la aferré con fuerza.

—Te llevaré adonde quieras ir, pero debes decirme algo.

Sentí el calor y la fortaleza de su mano. Mi mente comenzó a despejarse y de pronto tomé conciencia de lo que había hecho. Una suave sensación de paz y claridad me envolvió como la bruma.

—¿Puede llevarme a Nudgee Road, por favor? —le pedí.

Asustada por el sonido de mi voz, la mujer se dio la vuelta y me miró con miedo. Sin embargo, el hombre sonrió y asintió con amabilidad.

—Dicho y hecho, mi niña.

Entonces miré a la mujer y nuestros ojos se encontraron.

—No se preocupe —le dije en un susurro—. No estoy loca. Al menos por ahora.

Cuando llegamos al motel, Stan cogió la cruz y se quedó esperando al lado de la portezuela abierta a que me bajara del coche.

—Yo te la llevaré. Así no parecerá tan raro —me dijo medio musitando. Su mujer no dejaba de observarnos.

Caminamos juntos hasta mi habitación en la planta principal. Stan, a mi lado, acarreaba la cruz como si fuese algo que hiciera a diario.

—¿Hay algo más que pueda hacer por ti? —preguntó mientras la dejaba apoyada en la mesilla—. ¿Estarás bien?

—Sí, creo que sí. Era mi hijo. Joshua era mi hijo.

—Eso me he imaginado. ¿Qué vas a hacer ahora?

—Necesito tiempo para pensar. —Di un paso adelante y lo abracé—. Muchísimas gracias, Stan.

Él me devolvió el gesto: era un hombre grande, y su abrazo también.

—¿Cómo te llamas?

—Ruth.

—Bueno, Ruth, esta ha sido una experiencia que nunca olvidaré. Cuídate, mi niña.

Me desplomé en la cama y dormí durante horas.

Cuando desperté, salí a comprar un enorme saco de arpillera. Metí dentro la cruz de madera, lo até con una cuerda y me dirigí al aeropuerto con el saco y la maleta para coger un vuelo a Melbourne. Desde allí tomé otro a Canberra, por el solo motivo de que era el primer avión en el que quedaba un asiento libre.

Llegar a un nuevo lugar e iniciar una nueva vida era algo que ya me salía de forma natural. A base de repetición, había perfeccionado la técnica. Me registré en un hostal, compré un periódico y, al cabo de unas horas, ya tenía una entrevista de trabajo en un hotel de Queanbeyan, lejos del centro de Canberra, nada más cruzar el límite estatal de Nueva Gales del Sur.

El jefe de cocina me entrevistó para el puesto de pinche de mañana y preparadora de desayunos. Trabajaría con el chef repostero de cuatro a siete y media de la mañana, después pasaría a hacer los desayunos hasta las nueve y media, y luego ayudaría a preparar ensaladas y postres para el almuerzo. El turno acababa a las dos de la tarde. Sabía que, con tanto que hacer, mantendría la cabeza ocupada, que era la única forma de seguir adelante. El puesto me venía como anillo al dedo y lo conseguí.

Encontré una vivienda barata, un estudio independiente adosado a la parte trasera de un garaje. Era tranquilo y, lo más importante, estaría sola. A continuación solucioné lo del transporte. No había autobuses que pasaran tan pronto, pero había visto una tienda que vendía motocicletas de segunda mano. ¿Por qué no? Nunca había montado en moto, pero el precio estaba bien.

El dueño me vendió una Honda Z50J y, después de una hora de clase, le pareció que estaba preparada para irme a casa con ella. Yo estaba tan ilusionada que, al arrancar la primera vez, aceleré demasiado. La rueda delantera se levantó del suelo y salí disparada por el jardín, completamente fuera de control, sosteniéndome apenas sobre la rueda trasera. Esa lección la aprendí rápido.

El repostero con el que trabajaba, Marek, era polaco; su inglés era más o menos como mi maña con la moto. A pesar de nuestra comunicación limitada, trabajábamos bien juntos, haciendo masa para pasteles, horneando bizcochos y galletas y preparando deliciosos púdines fríos. También elaborábamos el relleno de cien pasteles al día: la mitad de carne, el resto de manzana.

Marek creía que me costaría manejar las colosales mezcladoras, las enormes cazuelas y las gigantescas bandejas, pero le demostré que se equivocaba. La tercera mañana me entregó mi propio rodillo de madera de cuarenta y cinco centímetros. Su longitud total, incluidos los mangos, era de sesenta y seis, y los mangos contaban con rodamientos, así que pesaba bastante más de un kilo, pero yo estaba empeñada en poder usarlo.

Según nos íbamos conociendo, Marek y yo trabajábamos rápido y en silencio, nuestro ritmo solo interrumpido cuando me lanzaba un poco de harina en broma. Apenas hablábamos, cada uno absorto en sus pensamientos. A menudo me preguntaba si él estaría tan atormentado como yo: dos almas rotas preparando pasteles a las cuatro de la madrugada.

—Root —dijo, pronunciando su versión personalísima de mi nombre una mañana mientras mezclaba la masa para hacer galletas belgas—, tú, como especias. Algunas mañanas chile, jengibre, pimienta o curri; otras, canela o cardamomo.

—¿Y esta? ¿Qué soy esta mañana? —le pregunté.

Me miró directamente a los ojos.

—Como yo, has comido cebolla —respondió—. No especias, solo lágrimas.

Tenía razón. Muchas mañanas solo quería llorar hasta que no me quedaran más lágrimas. Pensaba en la muerte de Joshua, en la de mi madre, en dónde estaría mi hijo adoptado y, por supuesto, en Matt, el marido al que había abandonado. La culpa me ahogaba y me costaba encontrar algo que me gustara de mí misma. No bebía, no fumaba y no consumía drogas, aunque abundaban en el hotel. Si comía, era por pura necesidad.

Había reducido mi vida a lo básico: la moto, el trabajo y largas visitas a la biblioteca. Devoré los clásicos, O. Henry, George Eliot, Oscar Wilde, Chaucer y la poesía oscura y conmovedora de Dylan Thomas:

No entres con paso dócil en esa noche plácida,
la vejez debería arder y desbocarse al caer el día;
rabia, rabia contra la agonía de la luz.

Thomas escribió este famoso poema a los treinta y pocos y se publicó por primera vez en 1951, solo dos años antes de que él muriera de neumonía. Sus palabras me mantuvieron con vida durante una época terriblemente oscura. Por aquel entonces funcionaba en piloto automático, me encontraba en un estado depresivo con pensamientos constantes de suicidio que me taladraban el cerebro. Habría perdido el coraje. Estaba llena de rabia.

La mañana en que Marek me dijo que se iba a montar una pequeña panadería propia, le tiré un bol de harina entero. Se quedó mirándome con la cabeza y los hombros cubiertos de blanco y los ojos como platos; parecía un búho nival.

—¡Root! ¡Hoy cayena! Deberías alegrarte por mí.

Negué con la cabeza y musité:

—Eres mi ancla, Marek. —No entendería lo que le estaba diciendo, pero me daba igual—. Yo también me voy.

No nos habíamos tocado nunca hasta aquella mañana, cuando vino a mi lado de la gran mesa de madera y me atrajo a su pecho. Nos abrazamos, llorando ambos, sin saber la historia del otro aunque con el presentimiento de que habíamos recorrido caminos similares.

Dos semanas y mil pasteles más tarde, vendí la moto y me subí al autocar que llevaba a Melbourne con una maleta, un gran saco de arpillera atado con una cuerda y una cuenta corriente saneada.

Ya tenía trabajo, pues había solicitado un puesto de sirvienta en una casa parroquial en las afueras de Ashburton. Había encontrado un nuevo lugar en el que esconderme.

HISTORIAS DE LAS LIBRERÍAS

COVE, EL PERRO LIBRERO

Regan es un joven pescador de cangrejos que vive en Manapouri con su perro, Cove, un mestizo negro con bonitos calcetines, la punta de la cola y el pecho blancos. Tiene catorce años y lo llamamos «el perro del millón de dólares» por la frecuencia con que va al veterinario; de hecho, ¡medio edificio ya debe de ser suyo!

Cuando Regan sale a pescar, Cove suele quedarse con nosotros. Aprendió muy pronto que, cuando sonaba la campanilla de la librería, habría alguien esperando a que abriera la puerta, pero, sobre todo, que habría alguien que lo acariciaría y le diría lo guapo que es. A menudo se me adelantaba y, para cuando yo llegaba a la tienda, él ya estaba tumbado delante de su nuevo amigo, dejándose mimar.

Todo el mundo le hace fotos. Una mujer que viajaba sola quiso llevárselo prestado un día, pues estaba convencida de que se había enamorado de ella. No me atreví a decirle que se comporta igual con todo el mundo. Hasta tal punto es el héroe de la librería que incluso recibe cartas de sus fans.

La primera vez que abrí una librería, la llamé 45 South and

Below. Un día me llegó una carta dirigida a COVE, 45 South and Below Bookshop, PO Box 40, Manapouri.

Luego nos llegó un paquete por servicio de mensajería, dirigido a «Ruth y Cove, 1 Home Street, Manapouri», de parte de Ken, un cliente amante de los perros que tenía dos: una vieja labradora negra llamada Nina, ciega y sorda, y un joven pointer inglés llamado Arthur. Ken ha escrito un libro de memorias sobre Murray Flynn, el propietario del hotel club Flynn, en Bluff. Titulado *Calling My Bluff*, tuvo una tirada muy corta y los últimos dos ejemplares fueron para la biblioteca de Invercargill. Cuando Ken llegó desde esta localidad con idea de comprar libros, cayó rendido ante Cove, por lo que le envió un hueso masticable de cuero de cerdo.

Luego llegó otra carta de Aleida y Grant, que viven en Havelock: «Nos encantó visitar tu tienda y rebuscar entre los libros. ¡Y nos encantó conocer a Cove! Espero que siga dando la bienvenida a la gente que acude a la tienda (y recibiendo mimos) muchos años más».

Hemos respondido a toda la correspondencia que le ha ido llegando y, en el caso de Aleida, incluimos una foto. Poco después, Cove recibió una bolsa de galletitas.

Por desgracia, ahora Cove tiene artritis y, además, se ha quedado sordo, por lo que ya no oye la campana. Pero siempre va pegado a mí cuando ando por las librerías y uno puede encontrarlo echándose la siesta en la hierba siempre que hace sol.

17

La mansión del sombrerero loco

La iglesia de Saint Michael en Ashburton, a doce kilómetros al sudeste del centro financiero de Melbourne, fue construida en 1932. Yo vivía con los sacerdotes en la casa parroquial colindante. El padre Philip Smith era un hombre sincero y amable; el padre Michael, más joven, estaba lleno de entusiasmo y tenía un talento asombroso para el canto.

Me había convertido en una reclusa, feliz de trabajar todo el día y de esconderme en mi pequeño apartamento por la noche. El padre Smith me animaba a salir, a unirme a grupos como los clubs locales de ajedrez y squash. Sin embargo, la interacción social daba pie a que la gente me hiciera preguntas que no quería o no sabía responder, así que siempre me echaba atrás. Todo lo que proyectaba sobre mí misma era pura fachada. Por dentro me encontraba en un lugar muy oscuro; mis días ajetreados conducían a noches solitarias y sueños llenos de pesadillas recurrentes.

Con todo, en algún momento conocí a un hombre llamado John y entablamos una extraña forma de amistad en la que yo llevaba la voz cantante. Él quería una novia; yo, un amigo.

Aunque rechazaba cualquier relación física, anhelaba que me abrazaran y empaparme de la seguridad de saber que había «alguien más». Los domingos explorábamos las afueras de Melbourne y escuchábamos música mientras él conducía para no verme obligada a participar en la conversación. Paseábamos por los parques, deambulábamos por las playas, visitábamos museos y galerías; lo más parecido que tuvimos a la intimidad fue darnos la mano. John era paciente y estaba dispuesto a ser un amigo callado todo el tiempo que necesitara hasta permitirle llegar a algo más.

John padecía una forma agresiva de eccema; tenía el armario de las medicinas lleno de lociones, pastillas y, según había visto, un frasco de un líquido que lo ayudaba a dormir.

Era domingo, mi día libre, y John se había ido a pasar el fin de semana con amigos. No recuerdo con exactitud cómo una cosa llevó a la otra, pero cogí el autobús hasta su casa, entré con la llave de emergencia que sabía dónde guardaba, fui directa al armario de las medicinas y me llevé el frasco de somnífero.

Cerré la puerta a mis espaldas, fui andando hasta la estación y cogí el primer tren al centro. Me senté en los escalones de la catedral de Saint Paul sin un plan en mente, observando a la gente que pasaba bajo el cielo soleado mientras revisaba las pocas cosas que llevaba en los bolsillos. Tiré una carta con mi nombre y mi dirección en el sobre y me deshice de cualquier otra forma de identificación que llevaba encima hasta que no me quedó más que algo de calderilla y el frasco.

Un autobús paró cerca de la estación de Flinders Street, justo enfrente de la catedral. Me subí sin pensar y pagué un billete hasta la última estación, que dio la casualidad de ser

Frankston, en el sur. Una vez allí tomé un autobús más pequeño que iba a Rosebud, una localidad costera menor.

Me sentía dentro de un tiovivo que no paraba de dar vueltas y estaba cada vez más fuera de control. Cerca del final del trayecto empecé a beber el sedante, al principio despacio, pues necesitaba llegar a algún lugar donde nadie me encontrara. Sabía amargo, así que compré unos chicles de menta en una tiendecita mientras seguía bebiendo el líquido.

La playa de Rosebud tenía pequeñas dunas cubiertas de hierba. Lo último que recuerdo es tumbarme en el fondo de una, oculta de la carretera, sentir el calor de la arena en las piernas y ver por encima de mí el cielo pálido como el agua. El sol empezaba a ponerse.

Algún tiempo después me desperté de golpe.

—¿Me oyes? —Alguien me estaba zarandeando, aunque no era capaz de responder—. ¿Me oyes?

La voz sonaba distante, pero noté cómo alguien me levantaba el párpado. Una persona me hablaba, aunque, como no era capaz de articular palabras, me resultaba más fácil dejarme llevar de vuelta a la inconsciencia. La voz insistió.

—¿Cómo te llamas?

En ese momento abrí los ojos y me fijé en el grupo de gente que me rodeaba, todos vestidos de blanco. Tardé unos instantes en percatarme de que estaba en un hospital, conectada a una serie de máquinas.

—¿Cómo te llamas? —me preguntó la enfermera con lentitud y claridad mientras me sostenía la mano.

—Ruth.

No recuerdo mucho más hasta que desperté del todo y me

vi en una pequeña habitación individual con un gotero puesto. Una enfermera me sonrió.

—Hola, Ruth. Estás en el hospital de Melbourne y hoy es lunes. ¿Tienes hambre?

Rompí a llorar. Lo único en lo que podía pensar era que habría preferido que no me encontraran. No quería estar allí. Cuando entró una nueva enfermera y me puso una inyección, volví a caer en la inconsciencia.

No me acuerdo de mucho de los días siguientes, pero sí recuerdo estar sentada en una planta alta de un edificio, cerca de la ventana, contemplando el centro de Melbourne. Tenía un bloc en la rodilla y, con un lápiz, iba dibujando el perfil de los altos edificios. Todavía conservo ese dibujo, ya copiado a tinta negra. En el anverso pone: «Hecho en el hospital de Melbourne dos semanas después del intento de suicidio». ¿Adónde fueron aquellas dos semanas?

Me encontraba en la unidad de psiquiatría, donde compartía con otras tres mujeres una habitación de cuatro camas. Enfrente tenía a Maria, una italiana que recibía electroterapia craneal al menos dos veces a la semana. Por debajo de su plácido exterior era un caldero hirviendo de furia y violencia. Tras una serie de tratamientos de electroshock, volvió a casa dócil como un gato viejo, con la mirada perdida y el pelo grasiento.

A su lado estaba Angie, una joven que todos los días rasgaba los periódicos formando pequeñas tiras. Era drogadicta y prostituta, madre de dos criaturas a los dieciocho, ambas ya a cargo de los servicios sociales.

Y a mi lado estaba Peggy, una inglesa de mediana edad a

quien ingresaban con regularidad por alcoholismo y drogodependencia. Amable, considerada, franca, descarada y con mal genio, me hizo sentir bienvenida en cuanto llegué.

—No te preocupes, tesoro, que aquí no se está tan mal. ¡Nos arreglan para que podamos salir y volver a liarla otra vez!

Al cabo de unos días empezó a llamarme Ghostie, porque deambulaba en silencio como un fantasma. Me habían dado lápiz y papel, así que empecé a apuntarlo todo, página tras página de notas en las que describía aquel mundo nuevo y extraño en el que me encontraba.

Nos permitían caminar arriba y abajo por el pasillo, pero no acceder a las demás unidades, algunas de las cuales eran de hombres. Estábamos obligadas a asistir a terapia de grupo, clases de relajación y una serie de actividades como pintura, puzles, ajedrez, calceta y cestería. Yo quería leer, pero apenas había más libros que la Biblia.

Durante la terapia de grupo nos animaban a hablar de nuestra propia situación. Muchos estábamos allí por depresión crónica e intento de suicidio. Me enteré de que una pareja joven, al bajar a las dunas para darse un revolcón, me había encontrado inconsciente y había pedido auxilio. Nunca descubrí quiénes habían sido o cómo habían conseguido llevarme a un hospital. Al principio me sentía furiosa con ellos, pero ahora, al mirar atrás, solo querría haber tenido la oportunidad de agradecérselo.

Cada mañana, la enfermera recorría el estrecho pasillo a paso ligero. Con su voz monótona y aguda llamaba a los residentes de cada pequeña unidad. «¡Hora de hacer ejercicio! ¡Que se note que estáis vivos!». Sus palabras chirriaban, dado que la mayoría queríamos estar muertos; que se nos notara vivos no entraba en nuestros planes.

La puerta al final del pasillo estaba custodiada por una vigilante fornida, vestida de blanco y con un pesado manojo de llaves colgando del cinturón.

Poco a poco, el pasillo se llenaba de seres variopintos. Nos deslizábamos con lentitud hacia la sala de actividades, donde un miembro del personal vociferaba con falso entusiasmo la rutina de ejercicios matutinos. Aquella sala se usaba sobre todo para la terapia de grupo. Allí era donde los residentes confusos se golpeaban la cabeza contra las paredes y los desesperados trataban en vano de levantar las sillas atornilladas al suelo o daban golpes a las patas de acero de las mesas hasta terminar con los dedos de los pies tan destrozados como el alma y el corazón.

Nos reuníamos más o menos vestidos o desvestidos. Algunos seguíamos en pijama, los hombres a veces tenían abierta la bragueta y algo asomando. A varios pacientes les faltaban botones de tanto retorcerlos hasta desgarrar el algodón. Una mujer iba ataviada como si fuera a visitar al primer ministro, el bolso del brazo, la cara pintada con llamativa formalidad.

—¿Todos listos para respirar hondo? Hoy brilla el sol, así que sonriamos... Una sonrisa enorme. Estirad esos músculos faciales.

Solo unos pocos nos tomábamos los ejercicios en serio. Otros se reían y hacían el tonto, mientras algunos se limitaban a quedarse parados con la boca abierta y la cabeza ladeada. El personal, animoso, continuaba con la rutina y a cada cambio de movimiento gritaba: «¡Bien hecho! ¡Fenomenal! ¡Qué divertido!».

Todos teníamos consulta regular con un psiquiatra. He conservado la siguiente carta que le escribí al mío:

> Quizá, y solo quizá, no sea el paciente, sino el psiquiatra quien no acaba de ser del todo normal. Pero ¿qué es ser normal? ¿Encajar en una tipología? En tal caso, ¿cuál? ¿Quién fija el modelo? Así que, una vez más, le pregunto si no es posible que el psiquiatra sea en realidad el paciente.
>
> Él también posee un subconsciente, tan activo y secreto como el suyo o el mío, solo que cuenta con una ventaja clara: se sienta en la silla del médico. La fiesta se celebra en su casa y, como tiene la sartén por el mango, nadie se atreve a mostrarse maleducado con el anfitrión. ¿Cuántas veces habrá pensado, mientras el paciente desvaría tan tranquilo, que a él también lo asaltan esos pensamientos? ¿Que él también tiene esos miedos? Tal vez debería ser él quien se siente en esa silla, aguante las lágrimas, rasque el barniz del escritorio, se sirva de los pañuelos de papel. Es posible que sus pesadillas sean igual de vívidas, lo bañen de sudor y le provoquen las mismas largas y dolorosas horas de insomnio. Esos momentos también son suyos.
>
> Así que ¿quién es el paciente? Yo estoy bien, doctor, pero ¿y usted?

Ahora que lo leo, veo con claridad que no estaba bien, pero, una vez más, trataba de asumir el control. En cualquier caso, a partir de aquel momento me aumentaron la medicación.

John intentó venir a visitarme, pero no quise verlo. Es posible que me sintiera culpable. El padre Michael, el joven sacerdote de la casa parroquial en la que había estado trabajando, acudía todas las semanas y fue él quien me dio una tarjeta con una nota manuscrita de *El conejo de terciopelo*, de Margery Williams. El libro acabaría convirtiéndose en uno de mis favoritos. Todavía la conservo; la he releído muchas veces y siempre me hace saltar las lágrimas.

Parte de la cita dice:

> No te pasa de repente, sino poco a poco. Lleva mucho tiempo. Por eso no suele sucederle a quien se rompe con facilidad o tiene los bordes afilados, ni a quien hay que tratar con delicadeza. En general, para cuando te vuelves REAL, has perdido el pelo de tanto uso, los ojos se te han caído, tienes las costuras sueltas y estás desgastado. Pero todo eso no importa lo más mínimo porque, una vez que eres real, no puedes ser feo, salvo para las personas que no comprenden.

Mi comportamiento silencioso ya era bien conocido. Un día, Peggy me dijo que estaba harta.

—Hoy es tu gran día, Ghostie. Puedes leernos todo eso que has estado escribiendo —comentó riendo mientras me arrastraba hasta la sala de terapia de grupo.

Al acabar con las notas de aquella mañana, el médico levantó la vista, recorrió el grupo con la mirada y preguntó:

—¿Alguien tiene algo más que quiera compartir?

Ante lo cual, Peggy, mi más o menos amiga, me clavó la mirada.

—Venga, mi niña. Que desahogarse ayuda.

—Yo no debería estar aquí —musité. Todos se volvieron hacia mí. Era la primera vez que hablaba tanto desde mi llegada—. No debería estar aquí. No estoy loca; sabía lo que hacía.

Miré a mi alrededor en busca de comprensión, pero lo único que vi fueron rostros ausentes, algunos con lágrimas, otros con sonrisas. Veía con toda claridad la locura que me rodeaba.

—Bueno, Ruth, ¿tú crees que suicidarse es normal? —preguntó el médico.

—En ciertas circunstancias, sí.

—¿No entiendes que pretendías tu propio asesinato?

—Sí.

—¿Así que el asesinato está bien?

—Es que es distinto —repliqué alzando la voz—. ¿No ve lo que hace? Está intentando hacerme creer que estoy loca.

Me levanté para marcharme de la sala, pero me detuve al oír hablar a alguien más. Se llamaba Adam. Era mucho más joven que yo y su vida era un desastre aún peor que la mía: un padrastro que había abusado de él desde muy pequeño, la muerte de una madre que nunca lo había querido y a la que nunca había querido, y una vida de prostitución tratando de sobrevivir en las calles. Había intentado suicidarse en multitud de ocasiones, pero no conseguía convencer a los médicos de que quería morir. Como a todos, lo tenían sedado y también lo sometían a electroterapia, que detestaba.

—Yo estoy de acuerdo con ella —dijo—. No es asesinato, va mucho más allá. Lo sé porque yo también he estado ahí, muchas veces. —Miró al médico, sus ojos azules llenos de seriedad—. Tiene razón: no estamos locos, pero si seguimos aquí acabaremos estándolo.

Otros pacientes asintieron.

—Yo lo veo así —intervino Peggy—: el personal hace todo lo posible por que nos pongamos bien. Comemos tres veces al día, dormimos en una cama limpia por la noche, podemos lavarnos a diario... Es mejor que durante la guerra en Inglaterra. Esto es la mansión del sombrerero loco: todos estamos un poco chiflados, hasta las enfermeras y el personal.

Las preguntas comenzaron a volar de una punta a otra de la sala cuando los demás se sumaron a la conversación.

—¿Quién juzga el nivel de locura?

—Si todos estamos chiflados, ¿quién puede decir qué es lo normal?

—¿Es racional perder la razón?

—Eso significa que para razonar hay que ser irracional.

—Si el personal también está loco, ¡nosotros debemos dirigir el grupo!

—Pues a mí me gusta lo de ser un lunático, dejarse llevar por los designios de la luna. Eso no es estar chiflado.

Como si una pequeña alarma antipánico hubiera saltado en su cabeza, la enfermera dio una palmada para llamarnos la atención.

—Gracias por la discusión grupal, que ha sido muy interesante y ha permitido que surgieran muchas preguntas en las que pensar. Ahora el doctor Johnson tiene algo que deciros antes de ir a comer.

El médico levantó la vista y sonrió con ensayada perfección. Recolocó los papeles que sostenía en las rodillas y comenzó a leer:

—Peggy, este fin de semana puedes irte a casa. Pide cita para verme dentro de quince días. Y lo mismo para las siguientes personas... —Entonces mencionó a algunos pacientes antes de proseguir—: Encontraréis una lista de nombres en el tablero, son quienes tienen permiso para salir el fin de semana. Y esta tarde, para todos los que puedan, hay una excursión.

—¿Adónde vamos? —preguntó alguien.

—Al zoo.

Tenía sentido.

Durante la estancia en el hospital, me di cuenta de que el corazón a veces me latía de forma irregular: en ocasiones respiraba a bocanadas, como si me faltara el aire y fuera a desmayarme. El médico dijo que era una arritmia provocada por la sobredosis y que no había nada de qué preocuparse. Me recetó un medicamento que debía tomarme cada vez que sintiera que iba a sobrevenirme un episodio y dijo que el problema me acompañaría toda la vida.

—Tú asegúrate de llevar siempre las pastillas contigo, no te estreses demasiado, no fumes ni bebas alcohol y come bien.

Yo no fumaba y, en aquel momento, tampoco bebía, pero los últimos años me habían pasado factura. Estaba claro que no era solo a mi mente a la que le costaba lidiar con el estrés, a mi cuerpo también.

El hospital era un entorno estresante. Nos encontrábamos

en la quinta planta y por motivos obvios todas las puertas estaban cerradas con llave. Aun así, Adam las comprobaba a diario. Un día descubrió que se habían olvidado de cerrar la puerta del balcón; fue eso o que aprendió a forzar la cerradura. Da igual, el resultado fue el mismo. Sin pensárselo dos veces, fue derecho y saltó.

Cuando nos contaron que se había suicidado, me alegré por él. Para Adam, aquella era la única forma de salir del hospital sin que lo convirtieran en un vegetal.

Dos semanas después me dieron el alta. A menudo todavía pienso en la gente que conocí allí y que, a su manera, me enseñó tanto sobre la vida y la cordura.

HISTORIAS DE LAS LIBRERÍAS

EL LEGADO DE LOS LIBROS Y QUIENES LOS AMAN

La mayor alegría que me llevo en la librería infantil es ver el vínculo que los libros establecen entre las niñas y los niños y sus madres, padres, abuelas y abuelos. Cuando una criatura abraza con todas sus fuerzas el título que desea, no solo le estamos regalando un libro, sino que le mostramos un camino de fantasías, cuentos e historias reales para toda la vida.

Con el tiempo, puede que luego también les lea a sus propios hijos, y es posible que sea del libro que le regalaron de niño en la librería pequeñita.

Hay una abuela, Margaret, que viene casi todos los días con uno, dos o tres de sus numerosos nietos. Se sienta y les lee, animando con ternura a los más pequeños a pasar las páginas con cuidado; luego se acomoda a su lado en una sillita para esperar en silencio a que elijan un libro que comprar o tomar prestado.

Por desgracia, hace poco que Toby, su nieto de diez años, murió de cáncer. Mientras Margaret me lo contaba, me senté en el escalón de la puerta desconsolada. Otro de mis clientes habituales había muerto hacía poco; tenía cincuenta y pico, que de por sí ya era joven, pero lo de este chiquitín entusiasta de los libros... era demasiado. Después de pensármelo un tiempo, decidí encargar una placa en honor a Toby y colgarla sobre la puerta de la librería infantil. Elegí una forma ovalada con una foto del niño sobre fondo amarillo y las palabras: «Uno de los lugares felices de Toby: la librería infantil». Después de plantearle la idea a Margaret, recibí la siguiente nota de la madre de Toby:

> Querida Ruth:
>
> Mamá me ha hablado de vuestras conversaciones. ¡Muchas gracias por mantener vivo el recuerdo de Toby y su amor por la lectura! Sus hermanos (Felix y Oliver) han preparado unas galletas de avena y coco para vosotros.
>
> Siempre con cariño,
>
> CAROLYN y BEN, FELIX y OLIVER, y FERN y TOBY

Si escogí el color amarillo para la placa fue porque quería proyectar felicidad, no tristeza. Las palabras no debían leerse como un homenaje póstumo, sino como el reflejo de aquello que Toby amaba. Ahora siempre formará parte de la librería infantil. Todas las mañanas, cuando abro la puerta, digo «Hola, Toby», y recuerdo a este alegre chavalín de diez años que adoraba los libros.

18

Matrimonio, marihuana y más movidas

Cuando me dieron el alta en psiquiatría, volví a Saint Michael. El padre Phil había contratado a alguien para sustituirme como sirvienta, pero me ofreció seguir usando el piso todo el tiempo que quisiera. Tenía un montón de correo esperándome, dado que no me habían dejado recibirlo mientras estuve ingresada, incluidas cartas de papá y de su nueva esposa, Joan, de mi hermana Jill y de Steve, un amigo que había sido uno de los habituales en mi cafetería de Rabaul. En ese momento estaba trabajando en Madang (seguía en Papúa Nueva Guinea) y me había escrito para avisarme de que había una vacante de gerente de oficina en el hotel Madang y que debía presentarme.

Llamé por teléfono y me ofrecieron el puesto. Organicé que la cruz de Joshua y mis cajones de madera se quedasen en Sídney y, en cuanto me llegó el permiso de entrada al país, recogí mis pocas pertenencias y volví a Papúa Nueva Guinea.

A diferencia de otras muchas mudanzas repentinas, aquella vez me sentía como si volviera a casa y estaba ilusionada. Papúa Nueva Guinea era un lugar que entendía y, en muchos aspectos, amaba. ¿Tal vez me hubiera convertido en uno de esos expatriados inadaptados?

Steve tenía un piso pequeño y me fui a vivir con él. Los dos sabíamos que nuestra relación no tenía futuro, pero era fácil, sin expectativas. Al cabo de unos meses se le acabó el contrato y volvió a Australia. Yo me mudé a las dependencias para el personal del hotel.

El hotel Madang era el abrevadero local, frecuentado por expatriados y trabajadores que venían en sus días libres desde las regiones más alejadas de Nueva Guinea: constructores, profesores, marinos, capataces... Uno de ellos era Tony, un electricista australiano, rubio y de ojos azules. Nuestra relación fue evolucionando poco a poco y se afianzó en la amistad. Sin embargo, había un problema: hacía dos meses que no me bajaba la regla desde que Steve se había ido. Una rápida visita al doctor reveló que estaba embarazada.

El médico de Madang revisó mi historial y me dijo con todas las letras que la enfermedad hemolítica que había acabado con la vida de Joshua también afectaría mortalmente a este bebé y a cualquier embarazo futuro. La única opción era abortar y, al mismo tiempo, hacerme una ligadura de trompas para no volver a quedarme en estado.

Me dejó de piedra, pero también sentí cierto alivio por que me hubieran quitado aquella responsabilidad de las manos. Estaba aterrorizada por la posibilidad de perder a otro hijo. Ya no me consideraba católica y había desarrollado una fuerte actitud feminista, por lo que acepté la intervención. El médico me había asegurado que era la única opción, así que quería hacerlo cuanto antes.

Al cabo de dos días ya no estaba embarazada y me habían ligado las trompas.

Tony, que en ese momento vivía y trabajaba en Madang, estuvo a mi lado sin hacerme preguntas. Me recogió del hospital, me cuidó y me abrazó mientras lloraba.

Yo tenía veintinueve años; Tony, veintiséis, y era todo lo contrario de Matt, mi última relación seria. Aventurero e imprevisible, también era aficionado a la marihuana. Yo había dejado de fumar a los catorce, después de una breve fase experimental con la que mi padre había acabado de forma tajante cuando me hizo fumar un paquete entero de cigarrillos Matinée uno tras otro hasta hacerme vomitar.

Mi reintroducción al mundo tranquilo y agradable de la marihuana consistió en que Tony me echara el humo en la boca, de manera lenta y seductora. Todo lo que me habían dicho y había llegado a leer sobre la maría quedó en cuestión. Hacía muchísimo tiempo que no disfrutaba de paz y con la hierba por fin experimenté una sensación de liberación. Dormía como un bebé, no tenía resaca ¡y me sentía genial!

Cuando a Tony se le acabó el contrato, decidimos volver a Australia y casarnos. Escribí a mi padre y al cura Phil Smith en Melbourne para contarles mis planes. Todavía conservo la respuesta del sacerdote, fechada en junio de 1976:

> Me alegró recibir tu carta y saber que te encuentras bien y muy ocupada con la ilusión y la satisfacción de tener a alguien con quien compartir tu vida. He esperado un poco antes de responder, pero tu carta contenía mucha información, algo típico

de ti, y en todo ello había una búsqueda de reafirmación que, desde luego, me gustaría ser capaz de ofrecerte.

No eres «una persona corriente», ni tampoco «joven». Tu sensibilidad es mucho mayor que la de cualquier persona normal, por lo que eres muy perceptiva, y posees un potencial de altruismo que es excepcional. ¿Podría ser que, a menos que lo controles y contengas, tu sensibilidad pudiera verse afectada de nuevo?

La vida no es cuestión de perfección, que es algo que debo recordarme a mí mismo una y otra vez, pero la personalidad de cada cual debe estar anclada con firmeza si se quiere encontrar la paz. En tu caso, la necesidad de un ancla gemela es mayor que en la mayoría de nosotros.

Cuánta razón tenía. Al volver a leer esta carta años después veo que todos sus temores acabaron cumpliéndose. Al decidir seguir a Tony de vuelta a Australia, una vez más había echado un ancla que no tardó en pesarme demasiado.

Había estado pensando mucho en Matt, a quien había abandonado sin una explicación. Por medio de Pam, mi amiga del alma de Rabaul, sabía que lo había dejado destrozado. Esperaba de corazón que encontrase la felicidad y se casara con alguien que lo amara como él se merecía de verdad. Sin embargo, cuando se oficializó el divorcio, me sentí vacía, muy triste, completamente perdida.

¿Qué mejor manera de llenar el vacío que con una nueva relación? Me negaba a mirar atrás, ya estaba inmersa en el siguiente episodio, en el siguiente drama.

Me estaba embarcando en una nueva vida, casada con Tony.

Nos quedamos en casa de sus padres, en Sídney, hasta que encontramos una pequeña parcela con una pintoresca casita de dos habitaciones, un gran cobertizo y dos vacas en las mesetas de Nueva Inglaterra, cerca de Armidale. Estaba al final de un camino de tierra flanqueado de eucaliptos, con un enorme prado que conducía a un pequeño arroyo. Dependíamos del agua de lluvia, que se recogía en un depósito según caía del tejado. El retrete estaba en el exterior, a bastante distancia de la casa.

Me encantaba la zona, la casa y las vacas (ordeñaba una de ellas), y no tardamos en añadir a la familia un perro y dos gatos (por entonces no era consciente del efecto catastrófico que los gatos tenían en la fauna silvestre). No me daban miedo las gigantescas arañas cazadoras, con una envergadura de hasta doce centímetros; las venenosas arañas de lomo rojo, que solían vivir en el retrete, ni las serpientes que a veces aparecían y que, descubrimos, tenían más miedo que nosotros de ellas.

Tony trabajaba como electricista y yo encontré un puesto en una empresa de ingeniería: llevaba las cuentas, los salarios y el trabajo de oficina en general. Después de un lapso aprendiendo sobre la construcción de edificios comerciales con estructuras de acero, pasé a un puesto a tiempo completo en el departamento de delineación. El trabajo era interesante y motivador, al igual que el comienzo de lo que, al menos al principio, fue una época feliz de mi vida después de tanto huir.

Tony y yo nos casamos en el jardín trasero de sus padres

en 1976, una pequeña boda para la familia, incluido el canguro bebé que estaba criando y al que pusimos un lazo rojo para la ocasión. De mi familia no vino nadie. Llevábamos la típica ropa hippy, Tony pantalón de campana y caftán, y yo un vestido largo verde y blanco, sandalias y el pelo adornado con flores.

Sus padres nos compraron regalos de boda prácticos y razonables: sábanas, cazuelas, toallas y fuentes. ¡Mi padre nos regaló una colosal cerda blanca preñada! Le puse Howard en su honor. A menudo me preguntaba a cuántas mujeres les regalaban cerdas preñadas por su boda...

Howard resultó ser una cerda muy malhumorada que destruyó vallas, arrancó el abrevadero, echó abajo su cobertizo a los pocos minutos de que Tony lo hubiera terminado y, en general, exigía una atención continua. Yo estaba convencida de que necesitaba compañía, así que busqué quien criara cerdos en la zona. Por fin encontré a alguien que tenía tres hembras, un macho llamado Boris y, lo que era más importante, espacio para Howard la Terrible.

Michael, un belga, había pasado muchos años en la Legión Extranjera antes de venir a Australia a vivir con su esposa. Le encantaban los cerdos. Estaba muy en forma y era preciso a más no poder. Una vez que tomaba una decisión, no había quien lo moviera y su ética laboral resultaba incuestionable. Juntos decidimos montar una explotación de cerdos en libertad con las cuatro hembras y Boris. Este último era un macho blanco y negro enorme y tranquilo, que adoraba todo y a todos. No tenía ninguna preocupación en este pequeño mundo y vivía en la gloria.

Acabamos formando una sociedad y registrando la granja porcina con el nombre de Waipapa. Con el registro en la mano, podíamos pedir prestados tres mil dólares al banco, así que compramos más cerdas para deleite de Boris. En 1978, teníamos veintidós hembras, tres machos, treinta y siete cochinillos destetados y cuarenta y nueve lechones.

La tasa de mortalidad de los cerditos era alta porque las madres los aplastaban al tumbarse, por lo que decidimos diseñar una paridera con estructura de acero que albergase doce hembras. Mi diseño era sencillo: zonas de parición individuales que se abrían a otra común con suelo de hormigón en la que las cerdas pudieran disfrutar del sol. Lo más importante que añadimos fueron los barrotes antiaplastamiento: salían de las paredes y se extendían a unos veinte centímetros de altura por el interior de cada zona de parición. De este modo la cerda podía tumbarse dejando un área segura por detrás para las crías. El coste total fue de poco más de seis mil dólares y redujo significativamente el número de muertes.

Pasaba en la granja los fines de semana y en la empresa de ingeniería de lunes a viernes. También trabajaba a media jornada llevando las cuentas de un constructor local. Una vez aceptado que no tendríamos hijos, Tony creía que pasaríamos mucho tiempo juntos después de casados. Pero no había contado con el zoológico: gatos, dos perros, una vaca y un ternero, algún que otro canguro o ualabí que criar, ¡y unos ciento cincuenta cerdos!

Fuimos muy felices los primeros dieciocho meses. Él estaba ocupado cultivando una pequeña parcela de marihuana y fumando con regularidad; de vez en cuando yo compartía un porro. Muchos de nuestros amigos eran fumadores y a menudo horneábamos galletas o bizcochos «aliñados»; era parte de nuestra vida y ya.

Me ofrecieron un puesto interesante en el ayuntamiento: el Gobierno estatal iba a financiar a una serie de «oficiales de desarrollo comunitario» en las zonas rurales de Nueva Gales del Sur. Recuerdo ir a la entrevista, acababa de ayudar a cargar en la camioneta a una cerda con muy mal humor y a sus cerditos. Tenía previsto volver a casa para ducharme y cambiarme, pero ya iba tardísimo, por lo que no tuve otra que presentarme en la entrevista con la ropa sucia de la granja, las botas de goma y oliendo a purines. Aparqué la camioneta fuera de las oficinas del ayuntamiento, dejé las botas en la puerta principal y llegué con un par de minutos de adelanto.

Para mi sorpresa, la entrevista fue muy bien; el director incluso salió a echar un vistazo a la cerda y a las crías que esperaban en la camioneta. Puede que fuera su interés por los animales lo que inclinó la balanza a mi favor, así que de pronto me había convertido en oficial del Proyecto de Desarrollo Comunitario de las Mesetas Altas. Allí estaba yo, empleada por el ayuntamiento, ¡mientras mi marido cultivaba maría!

También me impliqué en muchas de las comunidades más pequeñas de la zona; cuando identificaba un problema o una preocupación, ponía en marcha la infraestructura para que se resolviera. Mi trabajo abarcaba desde ofrecer apoyo a los mineros de carbón hasta establecer cabinas telefónicas públicas en zonas aisladas, pasando por montar grupos de jóvenes y de salud mental. Tocaba muchos palos y eso me encantaba.

Durante aquella época también empecé a estudiar en la

Universidad de Nueva Inglaterra en Armidale, investigando la drogadicción, el alcoholismo y la salud femenina. Si iba a convivir con las drogas, necesitaba saber cómo sobrevivir a ellas.

La madre de Tony me había advertido antes de que nos casáramos que su hijo tenía muy mal genio, pero solo experimenté algún arrebato esporádico durante los primeros dieciocho meses de matrimonio. Nunca me pegó, pero lanzaba cosas, incluida la tabla de planchar. Se volvía verbalmente agresivo: gritaba y maldecía antes de venirse abajo y pedir perdón.

Conforme su violencia aumentaba, empecé a tenerle miedo, pero era mi tercer matrimonio y estaba empeñada en darle una oportunidad. Ninguno de nuestros amigos me habría creído si les hubiera contado lo que pasaba; Tony caía muy bien y, a simple vista, formábamos un matrimonio estupendo.

Sin embargo, al cabo de cuatro años las cosas estaban fatal. Sabía que tenía que dejarlo por mi propia seguridad, y lo hice en 1980. La madre de Tony me brindó todo su apoyo, pues sospechaba desde hacía mucho tiempo que nuestro matrimonio no era feliz.

En una extraña coincidencia —de esas que se dieron en numerosas ocasiones mientras escribía este libro—, unos meses antes de redactar este capítulo recibí un mensaje de correo electrónico de Tony. Llevaba sin saber de él más de treinta y ocho años, pero uno de sus amigos me había encontrado en internet. Le respondí a toda prisa y lo olvidé. Pero, cuando empecé a escribir sobre nuestra época juntos, vacilé: ¿cuánto sabría su hermana, que ahora tenía hijos adultos, sobre lo sucedido? ¿Tendrían idea de por qué me separé? Yo sabía que Tony había pasado por la cárcel por cuestiones de drogas, ya que había mantenido el contacto con sus padres. También me había enterado de que había recibido ayuda.

Decidí escribirle para pedirle el número de teléfono y le expliqué que estaba escribiendo un libro sobre mi vida. Me respondió al instante: estaría encantado de hablar conmigo.

Me puse nerviosa; la verdad es que no sabía qué esperar. Quería escribir sobre cómo sobrevivir a una relación abusiva, pero ¿cuál sería el coste para Tony y la familia de su hermana?

Me lancé y llamé. Fue un alivio que la conversación fluyese; aquel era el Tony que había conocido en Madang. Al cabo de un rato, le pregunté:

—Entonces ¿qué escribo? Todo aquello fue horrible, te tenía miedo.

—Escribe la verdad —respondió para mi enorme sorpresa.

—Pero ¿y tu hermana, y tus sobrinas y sobrino? ¿Qué pensarán si lo leen?

—Fui un egoísta. Te quería para mí solo. Papá te adoraba y me dijo que eras demasiado buena para mí. Siento mucho todo lo sucedido.

Mientras estuvimos casados, me había pedido perdón tantas veces que ya no significaba nada para mí. No eran más que palabras vacías. Sin embargo, tantos años después, por primera vez lo creí. Me eché a llorar y también noté que a Tony se le quebraba la voz por las lágrimas.

—¿Por qué estabas tan enfadado con el mundo? —le pregunté—. ¿Ahora eres feliz?

—Estoy satisfecho. Rompí con mi pareja después de varios años; ahora vivo solo con mi perro. Ya no pierdo los estribos con tanta facilidad. No me extraña que te marcharas.

Hablamos durante más de media hora, hasta reímos juntos. De pronto lo entendía mucho mejor y sentía que podía dejar atrás la ira y la desconfianza. Tony me había querido solo para él, sin nada más ni nadie más. Tenía planes para nuestro futuro, pero yo estaba demasiado ocupada para escucharlo. Quería más. Mi vida estaba llena de animales, gente, trabajo, buenas causas, y Tony solo recibía lo poco que me sobraba. Cuanto menos tiempo pasaba con él, más se enfadaba; y, cuanto más se enfadaba, menos tiempo pasaba en casa con él. Aquel ciclo se enquistó de tal forma en nuestras vidas que dejó de tener solución.

—Fui un privilegiado por tenerte en mi vida, Ruth —dijo.

Nada cambiará lo que sucedió en aquel entonces. Pero lo que sí ha cambiado es que Tony ahora está satisfecho con la vida y que yo lo he perdonado. Ahora es un amigo con el que tengo mucho de lo que hablar.

El fallo de divorcio condicional que disolvía nuestro matrimonio se formalizó de forma definitiva el 15 de diciembre de 1984. En aquel momento me habría encantado saber que treinta y ocho años más tarde sería posible mantener una conversación franca entre nosotros.

HISTORIAS DE LAS LIBRERÍAS

LA SIGUIENTE GENERACIÓN DE LECTORES

A muchas niñas les fascinan los cuentos de hadas... y los cuentos sobre hadas, y como vean un libro con una en la cubierta a por él que van. Este género —en el que, por cierto, no suele haber hadas—, se remonta al siglo XVII, cuando se publicaron los *Cuentos de Mamá Ganso*, de Charles Perrault.

Perrault nació en Francia en 1628, pero hasta los sesenta y siete años no empezó a escribir cuentos infantiles. Entre estos se encuentran «Cenicienta», «El Gato con Botas», «La Bella Durmiente» o «Pulgarcito».

Una niña, lectora apasionada, entró en la tienda un día buscando algo distinto. Eligió dos libros de espías: *Spy 101: Codes and Ciphers* [*Espionaje 101: Códigos y claves*], de Kris Hirschmann, y *Spycraft: The Secret History of the CIA's Spytechs* [*Espionaje: La historia secreta de los espías de la CIA*], de Robert Wallace.

Me pregunto cuántos lectores de Roald Dahl (autor de *Charlie y la fábrica de chocolate*, *El gran gigante bonachón*, *Matilda* y tantos otros clásicos) sabrán que llevó una doble vida: además de escritor, fue espía británico. Había sido piloto de combate y oficial en la Real Fuerza Aérea Británica hasta 1940, cuando su avión se estrelló en el desierto occidental de Libia y sufrió lesiones de gravedad. Tras pasar seis meses hospitalizado no podía volver a volar, por lo que a los veinticinco años, en abril de 1942, lo destinaron a la embajada británica en Washington D. C. como asistente del agregado aéreo. Mientras permaneció allí, trabajó en una división del MI6 junto con Ian Fleming, el creador de James Bond.

Aunque *James y el melocotón gigante*, publicada en 1961, fue la primera de sus novelas dirigida al público infantil, *Los gremlins* (1941) se considera su primera obra escrita para niños. Inspirada por las historias de pilotos que fue recopilando durante su servicio en la RAF, la novela trata sobre unas criaturas responsables de fallos mecánicos en los aeroplanos.

> Y, sobre todo, observad con ojo atento el mundo a vuestro alrededor, porque los mayores secretos siempre se esconden en los lugares más inesperados. Quienes no creen en la magia nunca la descubrirán.

Roald Dahl escribió estas palabras en *Billy y los mimpins*, el último de los treinta y cuatro libros infantiles que publicó entre 1943 y 1990, año de su muerte.

A menudo me sorprenden los libros que leen los niños. Holly es aficionada a la historia natural y, claro está, a los espías. Algunas chicas de unos doce años están leyendo a las hermanas Brontë y una de mis habituales, a los trece, acaba de terminarse *Tess, la de los d'Urberville*, de Thomas Hardy. En 45 South and Below apenas vendía algún clásico; ahora me cuesta tener la estantería abastecida. Es fantástico.

19

Un poco de magia

En 1980 dejé el trabajo en el ayuntamiento y vendimos nuestra casita y mi participación al cincuenta por ciento en la explotación porcina. Recogí los bártulos y me mudé a Sídney. Esta vez se vino uno de los perros, Jericho, una bonita mestiza dorada que había aguantado en pie (o sentada) a mi lado los últimos años. Contaba con el dinero justo para comprar un velero pequeño, pero primero debía llevar mis cosas, una vez más, al trastero de Sídney donde almacenaba el resto.

Mi abuela paterna había sido australiana. De soltera se apellidaba Cable; debió de ser una familia acomodada, porque había un edificio y una calle en Sídney con su nombre. Una de las primas de la abuelita, a quien conocíamos como «la tía Jacki», se había casado con William Greville Cross, un policía que representó al club de remo de la policía de Nueva Gales del Sur como remero de proa en el torneo de ocho con timonel de las Olimpiadas de Berlín de 1936. No ganaron una medalla, pero volvió a casa con un pimpollo de roble, el regalo que Hitler había hecho a todos los participantes.

Hay un libro estupendo sobre los equipos de ocho con

timonel en los Juegos Olímpicos de 1936: *Remando como un solo hombre*, de Daniel James Brown. La historia se basa en el equipo de remo estadounidense, cuyos miembros procedían de familias de clase media-baja que sufrieron para pagarse los estudios durante lo peor de la Gran Depresión. Disfruté aprendiendo sobre la construcción de los botes de cedro y la importancia de la sincronización entre los ocho remeros y el timonel. La otra parte del libro aborda el uso que hizo Hitler de la plataforma internacional que ofrecían los Juegos Olímpicos para tapar el intento de exterminio nazi de los judíos.

La tía Jacki y el tío Bill, a los setenta y tantos, vivían en una casa señorial que se habían construido en Northbridge, con vistas a la bahía de Sailors. El tío Bill era un hombre alto, fornido y serio, siempre de punta en blanco, cada elegante traje con su corbata de seda a juego. Cuando se conocieron, él era un joven y apuesto policía. La tía Jacki había sido modelo en su juventud y fue la primera viajante comercial de una petrolífera en Nueva Gales del Sur. Conducía un coche de empresa, fumaba cigarrillos largos y vestía a la última moda. Recibía parte de su salario en acciones, por lo que al dejar el puesto las vendió y abrió una tienda de antigüedades en el centro de Sídney.

Jacki era una mujer bellísima e independiente hasta que se enamoró de Bill, que la dominó por completo durante el resto de su vida. Como no podían tener hijos, adoptaron a un chico, al que la tía adoraba. Pero Bill, que era un padre severo, lo echó de casa cuando aún era muy joven y le prohibió a Jacki volver a verlo. La tía se dio a la bebida.

Cuando volví a Sídney iba a visitarlos a menudo. Eran una

pareja excéntrica, vivían en una casa llena de antigüedades y cada uno tenía su propio dormitorio. Al tío Bill le caí en gracia: era la sobrina que hablaba de barcos y había viajado un montón, aunque, cuando aparecí con un acompañante varón, se mostró grosero con él y frío conmigo. Tenía un pequeño pesquero con el que ya no navegaba y esperaba vendérmelo, pero cuando le eché un vistazo decidí que no era del todo lo que estaba buscando.

—¿Qué buscas, Ruth? —me preguntó.

—Algo con lo que pueda navegar sola —respondí—. Nada demasiado complicado.

Encontré un pequeño velero de cubierta corrida: un yol de nueve metros con un velamen razonable, sin retrete ni ducha, así que menos agujeros en el casco, y sin espacio para un frigorífico, lo cual no me preocupaba porque por aquel entonces era vegetariana. Lo único que no me gustaba era la quilla de aleta. ¡El barco se llamaba Magic! Me lo compré.

El propietario anterior me ayudó y mi amigo Paul lo llevó de Sídney a Coffs Harbour, más al norte. Una vez allí, empecé a prepararme para la travesía hasta Cooktown, en la costa norte de Queensland. Limpié el barco, compré pañoles, hice inventario de todo y comprobé las cartas, la radio (en ese momento, los barcos pequeños no llevaban radar ni GPS), el equipamiento de seguridad, los cabos, las anclas y los aparejos. Practiqué a izar el chinchorro de la cubierta y bajarlo al agua para luego subirlo otra vez y así familiarizarme con todo. Jerry dormía en proa, encima de las velas y protegida por ellas.

El siguiente invitado a bordo fue una gatita atigrada que

me encontré en el atracadero; la adopté y le puse Ludmila Hoffman. Uno de mis libros infantiles favoritos era *Ludmila and The Lonely* [*Ludmilla y el Solitario*], de Paul Gallico, sobre una vaquita. Y acababa de ver una película protagonizada por Dustin Hoffman. La gata, a la que acabamos llamando Hoffie, adoraba el barco. Dormía donde le placía, hasta se acurrucaba detrás de los libros de la pequeña estantería. Yo tenía un lavabo cuadrado con las paredes altas que amarré al fondo del palo mayor, apoyado en una arpillera, y llené de arena: se convirtió en su arenero. Una y otra vez me asombraba que, por muy mal tiempo que hiciera, Hoffie subía a la bañera, echaba un vistazo a las olas y al movimiento del barco y, en cuanto amainaba un poco, saltaba derecha a su caja. Con el tiempo también le puse algo de arpillera en los laterales para que pudiera agarrarse mientras andaba por ahí.

En cuanto a Jerry, cogí una larga soga vieja y la retorcí hasta formar pequeñas espirales para hacerle una alfombrita. Siempre hacía sus necesidades en ella. Para limpiarla, la agitaba por la borda, la dejaba secar un rato y luego volvía a colocarla en cubierta.

Paul había decidido unirse a nosotras, a pesar de que sabía muy poco de barcos. A mí me agradaba su compañía y, como no iba a haber travesías demasiado largas, pensé que no tendría problemas. Venía de una familia griega ortodoxa y su madre le había dejado más claro que el agua que la única esposa aceptable sería una «buena chica griega». Aun así, fuimos amantes durante meses.

El 25 de mayo de 1981 dejamos Coffs Harbour. Yo estaba en mi elemento hasta que me dio un fuerte ataque de mal de mar; las pastillas contra el mareo que llevaba no me sirvieron de nada. Jerry, Hoffie y hasta Paul disfrutaban del viaje mientras yo permanecía tumbada bajo cubierta, sabedora de que me esperaban veinticuatro horas no solo de vómitos, sino también de diarrea. ¿Os acordáis de que dije que no teníamos retrete a bordo? La idea era usar un cubo dispuesto entre las dos literas; cosa bastante sencilla a menos que también necesitases vomitar...

A lo largo de toda la costa este hay bancos de arena, así que para entrar en un puerto o atracadero desde el mar debes calcular bien los tiempos, a poder ser, arribando al final de la pleamar, y ajustar el rumbo de acuerdo con las mareas de la corriente australiana oriental según fluye hacia el sur desde la Gran Barrera de Coral. Es una de las corrientes más fuertes del Pacífico Sur, pues en ciertos puntos llega a los siete nudos. Cuando se tiene un pequeño velero que es feliz a unos cuatro o cinco nudos, fijar el rumbo resulta crucial. Cuanto más al norte navegábamos, más extremas eran las mareas y a veces alcanzaban hasta cuatro metros y medio de altura.

Paul, que estaba hecho un sibarita, había montado un televisor a bordo. Hojeando ahora el diario, encuentro numerosos comentarios sobre lo mal que se veía: mecidos por las olas mientras permanecíamos al ancla, la recepción oscilaba tanto como el humor de Paul. Aunque no era un marinero feliz, él capeaba el temporal. Creo que le gustaba el concepto de vivir a bordo, pero le costaba lidiar con la realidad, sobre todo siendo el barco tan pequeño. Lanzaba los sedales a diario, bajo la atenta vigilancia de Hoffie y Jerry, que expresaban la misma ilusión que el propio Paul cuando atrapaba algún pez al curricán.

Cumplí los treinta y cinco mientras estábamos anclados con otros botes en Grahams Creek, una ría bordeada de manglares cerca de la punta sudoeste de la isla de Curtis. Tiene unos nueve kilómetros de longitud y se adentra en el extremo sur de The Narrows. La marea, que en aquel momento alcanzaba casi los cuatro metros y medio de altura, producía una fuerte corriente, por lo que era importante acertar con el momento de la entrada. La niebla densa nos había obligado a pasar la jornada varados, luchando contra los mosquitos gigantes. Al día siguiente nos sumamos a un grupo de pequeñas embarcaciones y un par de pesqueros para sortear The Narrows rumbo a la isla de Great Keppel.

Para entonces, Paul había decidido que la navegación no era lo suyo y tenía previsto marcharse. Yo sabía que estaría mejor sola, así que me había mostrado de acuerdo. Creo que el tiempo que pasamos juntos a bordo del Magic lo convenció de que no hacíamos buena pareja, así que rompimos. Unos años después se casó con una buena chica griega.

En cuanto a mí, con tantos otros barcos navegando hacia el norte, había hecho un montón de amigos —compartíamos comidas, bajábamos a tierra juntos y nos ayudábamos los unos a los otros—, así que sabía que no pasaría nada por quedarme sola con Hoffie y Jerry.

Como ya había pasado hasta diez días seguidos en el mar, navegar por la costa este de Queensland me pareció coser y cantar, porque podía echar el ancla casi cada noche si me apetecía. Existía la opción de esperar sentada a que pasase el mal tiempo. Había oído que había trabajo en la cocina de un refugio de pescadores cerca del cabo Tribulation, donde el río Bloomfield desemboca en el mar del Coral, al norte de Cairns. Hice una rápida llamada al jefe y me ofreció dos meses de trabajo; solo tenía que asegurarme de presentarme allí la última semana de agosto.

Nada más amarrar el Magic en el río Bloomfield el 29 de agosto, descubrí que para llegar al refugio había que remar media hora en bote y luego abrirse paso entre unos manglares repletos de mantarrayas, cangrejos y cocodrilos de agua salada. No podía hacerse con la marea alta. Por lo visto, a los cocodrilos les encantan los perros, así que Peter, mi nuevo jefe y amante de los canes, se encargó de mandarme una lancha fueraborda. Al final, Jerry, Hoffie y yo llegamos sanas y salvas.

El trabajo era fácil: siete personas para un máximo de seis huéspedes adinerados. Yo hacía el desayuno y preparaba los almuerzos para que los clientes se los llevaran de pesca; luego libraba hasta la hora de cocinar y servir la cena.

A finales de octubre puse rumbo al sur y paré en Cairns, donde varé el Magic para que le limpiaran el casco. Era increíble lo que le había crecido en la superficie y, además, había un par de arreglos y trabajos de mantenimiento que hacerle.

Uno de los empleados en tierra se había enamorado de Hoffie y si no era él quien la llevaba a hombros, era ella la que lo seguía a todas partes. Estaba prendada del hombre y se pasaba el día a sus pies; solo volvía al Magic a pasar la noche. La gata ya me había dejado claro que se le habían acabado las aventuras marinas y quería volver a tierra firme. Estoy segura de que no nos echó tanto de menos como Jerry y yo a ella.

Los vientos del norte habían llegado, así que muchos barcos navegaban en dirección sur. Con unas velocidades constantes de diez a doce nudos, decidí bajar derecha hasta Mackay desde Cairns, haciendo noche en Bowen; tardaría tres días. Al principio hacía un tiempo perfecto, pero se avecinaba tormenta.

El 15 de noviembre, el litoral de Mackay sufrió vientos huracanados, relámpagos y lluvias torrenciales. El viento y la lluvia provocaron cortes de electricidad y volcaron barcos en el puerto. Al anochecer, el Magic seguía luchando en alta mar. La vela mayor se había desgajado del palo, así que arranqué el motor y, solo con la mesana para mantener la estabilidad, puse rumbo sur hacia la entrada del puerto.

Buscaba el faro de la isla de Flat Top, que marcaba la entrada del río y señalaba los bancos de arena de Shoalwater y un arrecife en Hay Point. Debería haber divisado el faro sin problemas al acercarme, pero lo que no sabía era que se había apagado. Tardé en darme cuenta de lo sucedido, pero no me preocupaba demasiado, porque las luces de balizamiento pronto me guiarían a puerto seguro.

Pero no había luz alguna: ni faros, ni luces de ciudad ni de balizamiento.

Comprobé una y otra vez la carta de navegación. Tenía que estar cerca de la entrada. Los vientos y la marejada habían amainado, así que decidí confiar en mi intuición y acercarme a tierra mientras escuchaba cómo las olas rompían contra la costa para ver si distinguía la forma de la orilla. Por seguridad, siempre navegaba en paralelo al litoral con la esperanza de advertir alguna alteración en el oleaje que señalara la entrada.

Tardé casi dos horas. Daban las dos de la madrugada cuando arribé a Mackay agotada. Mi cuerpo había permanecido tenso y aterrorizado durante horas, pero lo había logrado.

Por la mañana acudió a verme el capitán del puerto.

—¿De dónde coño venías?

Tuvimos una buena charla sobre los acontecimientos de la víspera. Entretanto, Jerry se bajó del barco y fue nadando hasta la costa, desesperada por pisar tierra firme. Se agachó y meó durante lo que parecieron tres minutos. Yo me senté en la cubierta del Magic y lloré.

El 1 de diciembre entré en Coffs Harbour. Durante los seis meses en el mar, había registrado más de dos mil ochocientas millas náuticas. Era hora de volver a tierra.

HISTORIAS DE LAS LIBRERÍAS

ENCONTRAR UN FARO

Dylan y su madre, Catherine, llegaron a la librería sin otra intención que echar una ojeada, atraídos por mi diminuto establecimiento. Dylan tenía once años y lo estaban educando en casa. Eso significaba que podía explorar sus intereses con mayor profundidad. De pelo largo y ademanes tranquilos y corteses, comenzó a relajarse cuando nos pusimos a charlar sobre sus libros favoritos.

Lo habían introducido a la poesía y le gustaba el inglés antiguo, tanto hablado como escrito. Los poemas infantiles lo aburrían, así que el primero que leyó con su madre fue «El cuervo», de Edgar Allan Poe. Mientras estudiaba historia de Inglaterra, leyó Ivanhoe, de sir Walter Scott, que se había convertido en uno de sus escritores favoritos.

A diferencia de la mayoría de los niños de su edad, también empezó a coleccionar porcelana inglesa. Al año y pico de conocernos, una tarde nos invitaron a Lance y a mí a merendar en su casa. Tomamos el té en sus bonitas tazas y devoramos unos maravillosos scones con nata y mermelada, seguidos de minibizcochitos de chocolate y coco.

A Dylan lo apasionaba tanto la lectura que le regalé uno de mis viejos libros de poesía, *Poems of Owen Meredith (the Earl of Lytton)* [*Poemas de Owen Meredith (conde de Lytton)*], con introducción de M. Betham-Edwards, fechado alrededor de 1927. Así comenzó su colección. Poco después, cuando su familia fue a Wellington, encontró un ejemplar raro de la obra poética de Scott —encuadernado en piel y publicado alrededor de 1869— en una tienda de beneficencia.

La segunda vez que Dylan vino fue acompañado de sus padres y de su hermana Olivia. Llevaba un traje de chaqueta y sombrero hongo, el pelo recogido en una coleta y una enorme sonrisa para mí. Su interés bibliófilo me hizo sugerirle que volviera para aprender un poco sobre el negocio. Por algún motivo eso nos llevó a una conversación sobre libros de barcos y el arte de la navegación. Dylan no era un niño de once años al uso.

Lance se erigió en profesor. Su amistad con Dylan creció rápido conforme ambos descifraban algunas de sus viejas cartas de navegación. Dylan, absorbiendo los nuevos conocimientos como una esponja, aprendió enseguida a leer una carta y a trazar rumbos, lo que exigía entender el uso del compás, la regla paralela, la brújula y un buen número de abreviaturas. Luego pasaron a los faros.

A mí me han interesado de siempre. Cuando te aproximas a tierra después de haber pasado días en el mar, es un alivio atisbar uno proyectando confiado su haz de luz a través de la oscuridad. Aunque se navegue a lo largo de la costa, por la noche resulta reconfortante confirmar la posición al divisarlo. Cada uno posee un brillo característico que permite distinguirlo de los demás.

Algunos de mis lectores tienen interés por los faros: su construcción, las anécdotas de los fareros y su historia en general. Un encantador inglés vino un día a la tienda, con una sonrisa franca y ganas de charlar, y se me presentó como John. Preguntó si tenía algún libro sobre los faros de Nueva Zelanda. En ese momento contaba con *Always the Sound of the Sea: The Daily Lives of New Zealand's Lighthouse Keepers* [*Siempre el sonido del mar: la vida diaria de los fareros de Nueva Zelanda*], de Helen Beaglehole; *New Zealand Lighthouses* [*Faros de Nueva Zelanda*], de Geoffrey B. Churchman, y *The Sea is My Neighbour: A Lighthouse Keeper's Story* [*El mar es mi vecino: historia de un farero*], de T. A. Clark, que fue el que compró.

John era miembro de la Association of Lighthouse Keepers, con sede en el Reino Unido, que se dedica a mantener vivo el legado de estas construcciones. Me dio su tarjeta y he compartido sus datos con varios clientes seducidos por la luz de los faros.

Una lectura imprescindible sobre el tema es *The Lighthouse Stevensons* [*Los Stevenson de los faros*], de Bella Bathurst, una historia extraordinaria sobre la construcción de los faros de Escocia por parte de los ancestros de Robert Louis Stevenson, autor de las preciadas novelas *La isla del tesoro* y *Secuestrado*. Entre 1790 y 1940, ocho miembros de la familia planificaron, diseñaron y construyeron los noventa y siete faros operados manualmente que aún se levantan en el litoral escocés, en condiciones y situaciones que harían temblar a los ingenieros actuales.

Thomas Stevenson diseñó y construyó un faro, al que bautizó con el maravilloso nombre de Mucke Flugga, en la isla norteña de Unst, en las Shetland, en 1854. Encendido por primera vez en

1858, tiene veinte metros de altura y constituye el faro más al norte de Gran Bretaña. Robert Louis lo visitó de joven con su padre y la isla le sirvió de inspiración para el mapa de su isla del tesoro.

Para cualquiera interesado en los faros más al sur, existe un fantástico libro publicado en 2010: *Lighthouses of Foveaux Strait: A History* [*Faros del estrecho de Foveaux: una historia*], de Angela Bain.

¡Adelante! Ve y busca un faro. Después de conocer la historia de estas increíbles estructuras tú también te convertirás en un fan entusiasta.

20

Resistid mucho, obedeced poco...

El Magic estaba amarrado en la bahía de Sailors, en Sídney, justo enfrente de donde vivían mis tíos. En aquel momento, lo que necesitaba era alojamiento en tierra y un trabajo bien remunerado. Me había quedado sin dinero (otra vez).

Jerry se hallaba al cuidado de un amigo cerca de Coffs Harbour, que me llamó para decirme que estaba preñada de su pastor ganadero australiano y quería quedársela. Yo sabía que un piso en Sídney no era el lugar adecuado para una perra acostumbrada a una vida intensa en el mar, en la que cada día ofrecía nuevas emociones, así que acepté a regañadientes.

El primer puesto que obtuve fue como enfermera privada para una señora italiana con la que me encariñé mucho a lo largo del año en que permanecí a su lado. Pero las cosas estaban moviéndose en Tasmania y no quería perdérmelas. Acababa de leer una novela estadounidense titulada *La banda de la tenaza*, de Edward Abbey. Con la idea de «tenaza» hacía referencia a la desobediencia y el sabotaje no violentos como formas de protesta. Todavía conservo mi ejemplar: es un libro que cuesta conseguir en Nueva Zelanda, quizá porque se sigue considerando controvertido, así que un amigo estadounidense me trae ejemplares cuando viene de visita.

Si alguien quisiera lanzarse a las protestas, este es el libro que hay que leer. Además de estar repleto de consejos, es la monda y contiene citas literarias preciosas de autores como Richard Shelton y Thoreau. Unas sabias palabras de Walt Whitman me llamaron especialmente la atención: «Resistid mucho. Obedeced poco…».

Mucho después de haber acabado el libro, seguían acompañándome. Decidí que era el momento de dar la cara por lo que más amaba: los océanos, los bosques, los animales autóctonos y las aves nativas. Todo lo que parecía representar la esencia de mi ser.

Creo que fue mi abuelo materno quien plantó en mí la semilla del cuidado por el medioambiente. Remábamos en nuestra barca desde la bahía de Pile hasta el puerto de Lyttelton y nos sentábamos a pescar, a veces en completo silencio y otras contándome historias. Cuando habíamos pescado lo suficiente para comer, volvíamos a colocar los remos en las chumaceras y regresábamos a casa.

«Deja bastante para mañana, Ruthie», era su lema a la hora de pescar. Cuando buscábamos almejas y berberechos o arrancábamos ostras y mejillones de las rocas, no cogíamos más que lo que podíamos comernos de una sentada. Hoy ya no quedan moluscos en la bahía, apenas algunos *pāua* raquíticos alrededor de la costa.

Más tarde, cuando estaba en la Armada, me uní a una pequeña manifestación antiballenera a lo largo de Queen Street, pero no fue hasta finales de los setenta cuando Nueva Zelanda pasó de estar fuertemente en contra de la caza de ballenas a tomárselo en serio de verdad.

En 1978, la comisión hidroeléctrica de Tasmania anunció que construiría una presa en el río Franklin para generar electricidad. Los tasmanos estaban divididos ante la propuesta; muchos apoyaban el proyecto por motivos económicos, mientras que otros se oponían a él porque al inundar el valle se dañaría de manera irreparable un área natural con un ecosistema frágil.

Al seguir el debate en los periódicos, veía que el movimiento contra la presa crecía por toda Australia. Bob Brown, director de la Tasmanian Wilderness Society, dio un paso al frente para liderarlo y detener la construcción del embalse. En 1982 hizo una gira por todo el país para recabar apoyos; David Bellamy, el famoso botánico y ambientalista inglés, se le unió y habló delante de más de cinco mil personas en Melbourne y luego en Sídney. Después de oírlo, yo estaba más que dispuesta a sumarme y echar una mano en lo que pudiera.

La idea era bloquear las obras de la presa el 14 de diciembre, día en que el Comité de la Unesco en París iba a inscribir la reserva natural de Tasmania, que incluía los ríos Franklin y Gordon, en la lista de Patrimonio de la Humanidad. Me organicé para no faltar.

Un par de días antes de la fecha señalada, llegué a Hobart junto con muchos otros manifestantes internacionales y pronto me enteré de que hacían falta voluntarios donde se estaba construyendo la presa, cerca de Warners Landing. Allí, unas dos mil quinientas personas nos reunimos para intentar impedir que descargaran los buldóceres y bloquear la entrada al lugar previsto para las obras.

La adrenalina me bullía por dentro, estaba dispuesta a todo: no teníamos nada que perder. La sensación de camaradería era fantástica, sabíamos que no estábamos solos y eso nos daba un gran poder. Era como si todo lo que me había sucedido en los últimos años me hubiera dado fuerza; no era valiente, sino flexible, estaba dispuesta a aceptar las consecuencias.

En los pocos días en que estuve allí, detuvieron a más de mil quinientos manifestantes —a mí no—, entre ellos a Bob Brown, que pasó diecinueve días en la cárcel. Al día siguiente de su liberación se convirtió en miembro del Parlamento de Tasmania.

Detuvieron incluso a David Bellamy. Según una hoja informativa de uno de los grupos de manifestantes:

> Bellamy, encantado, viajó expresamente a Tasmania en 1982 para sumarse a la campaña cada vez más popular de la Tasmanian Wilderness Society para impedir que se represara el río Franklin, anegando así sus bosques húmedos, sus cuevas y su fauna. Su detención durante el bloqueo del río Franklin llegó a los titulares de todo el mundo.

Entendimos que se había convertido en una cuestión federal en marzo de 1983, cuando una campaña en la prensa nacional contribuyó a que cayera el Gobierno de Malcom Fraser. Bob Hawke, el primer ministro entrante, prometió detener las obras de construcción, pero la lucha no acabó hasta el 1 de julio, cuando un alto tribunal falló en favor del Gobierno federal en el juicio «Commonwealth contra Tasmania». La protección del río Franklin quedó garantizada. Los miles de manifestantes habían ganado.

En 1985 se publicó otro libro sobre el poder de «la tenaza», editado por Dave Foreman con prefacio de Edward Abbey. Yo no conseguí un ejemplar hasta 2019. *Ecodefense: A Field Guide to Monkeywrenching* [*Ecodefensa: Una guía de campo para el sabotaje*] abarca todo lo imaginable, desde los clavos en árboles y carreteras hasta la pegada de carteles, el corte de vallas, la fabricación de bombas fétidas y de humo, así como el taponamiento de cerraduras. Al principio, el libro estuvo prohibido en Australia.

Aquí tenemos un fragmento de la introducción a la segunda edición:

> 4) Lee, estudia, memoriza y sigue al pie de la letra el apartado «Seguridad» de este libro. Evitará que acabes en la cárcel a menos que tengas una suerte pésima.
>
> 5) Por último, sal y haz algo. Paga la contribución por el privilegio de vivir en este planeta hermoso, verde y vivo que es la Tierra. La única manera de que el boicot triunfe como defensa estratégica de la naturaleza es que un gran número de individuos en un gran número de lugares lo lleven a cabo de manera entusiasta y alegre.

Me había convertido en una ecologista, activista y boicoteadora devota. Pero primero tenía que volver a llenar mi cuenta bancaria.

HISTORIAS DE LAS LIBRERÍAS

BIENVENIDA, KATHERINE MANSFIELD

Hace tres años, encontré un pajarillo recién nacido delante de las librerías, con los ojos cerrados y medio muerto. Pasé muchos días animándolo a comer y manteniéndolo caliente, por lo que enseguida le empezaron a salir plumas por todo el cuerpo; tenía una pinta graciosísima. Ni siquiera sabía qué tipo de ave era hasta que, algún tiempo después, su bello plumaje reveló que se trataba de un zorzal hembra. La llamamos Birdie.

Durante el mes siguiente aprendió a volar y alimentarse sola, y se acostumbró a nuestra compañía. Birdie se sentaba encima del ordenador mientras yo escribía y luego hacía lo mismo sobre la máquina de coser al tiempo que me observaba con interés meter el bajo a unos vaqueros. Se agarraba a la barra de las cortinas sobre el fregadero pidiendo comida y, cuando estaba cansada, se acurrucaba en el cuello de Lance para echarse a dormir. Si yo salía, ella iba detrás de mí, se sentaba en la cuerda mientras yo tendía la colada o se ponía a buscar lombrices cuando faenaba en el huerto; era mi compañera constante.

En cierta ocasión, paseando por nuestro bosquecillo, Birdie se marchó y tardó un par de días en regresar. Cuando reapareció, pio con fuerza pidiendo comida, así que le dejé un platito de carne picada en el alféizar de la ventana de la cocina. Lo devoró a toda prisa antes de marcharse de nuevo. Venía a diario, se acomodaba en el alféizar a comerse su carne y volvía a desaparecer. Era maravilloso: había criado a una pajarilla medio muerta y se había convertido en una espléndida zorzal que vivía en libertad.

Entonces, después de una semana de carne a placer, un día no volvió.

Tres años más tarde, abrí las tiendas, coloqué los libros en la mesa y los pupitres, colgué el cartel de abierto y me senté a trabajar en el ordenador. De pronto un zorzal se acercó a la puerta, se quedó cerca del umbral y empezó a llamar la atención con sus gorjeos entusiastas. Me sorprendió, porque lo normal es que esta especie sea muy tímida, y resulta que este pájaro me miraba a la cara y exigía una respuesta.

De pronto caí en la cuenta. «¿Eres tú, Birdie?», le pregunté. Corrí hasta casa y cogí un poquito de carne picada del frigorífico. Siempre tenemos una pequeña cantidad descongelada para dar de comer a la señora Brown, una hembra de mirlo que lleva visitándonos cuatro años, y a su marido, el señor B., a quien a veces invita a «un refrigerio».

El ave estaba encantada de tener comida y, después de alimentarse, recogió una porción en el pico y echó a volar más allá de la valla hasta adentrarse en el bosque. ¿Se trataría de Birdie, que llevaba comida a sus crías?

No me podía creer que hubiera regresado después de tres años. Durante los siguientes días reapareció con regularidad, se alimentaba y luego se llevaba comida para sus polluelos. Si no le hacía caso, piaba con fuerza. No cabía duda de que era ella.

Le cambié el nombre a Katherine Mansfield (o «Katie», por abreviar) y ahora es el ave oficial de la librería. Revolotea sin miedo a nuestro alrededor y pía a gran volumen pidiendo comida cuando tiene hambre. Todo el mundo la adora y muchos le hacen fotos. Katie siempre posa como una modelo profesional, mirando fijamente a la cámara.

Cuando estoy ocupada en la librería, a veces se queda parada en la puerta, observándome hablar con los clientes. Vuela hasta la cocina, donde pasó tanto tiempo de cría, nos sigue por el jardín y se refresca en el estanque donde se bañó por primera vez.

Al cabo de unas semanas entendimos que sus crías habían echado el vuelo, así que la carne picada que le ponemos vuelve a ser para ella sola. Ahora Birdie tiene tiempo para sentarse en el árbol al otro lado de la ventana del salón, con el señor y la señora B.

21

Luchando por la oposición

La organización benéfica Sydney City Mission había publicado una oferta para trabajo social con jóvenes en su centro de atención a crisis de Kings Cross, denominado —muy apropiadamente— «The Opposition». Conseguí un alojamiento estupendo cuidando de una casa de dos plantas que daba a la bahía de Lavender; el propietario era un productor televisivo que siempre estaba fuera, rodando en distintos lugares. Podía hacer uso de toda la vivienda y, a cambio de un alquiler mínimo, me encargaba de limpiarla. Me compré un coche, recuperé mis pertenencias del trastero, incluida la cruz de madera de Joshua, que seguía guardada en un saco de arpillera, y empecé a trabajar en The Cross.

Kings Cross es desde hace mucho un lugar asociado a lo más sórdido, así que mis primeras semanas de formación consistieron en familiarizarme con la zona y con los habituales que llegaban de la calle. Su nombre inicial había sido Queens Cross, en honor al Jubileo de Diamante de la reina Victoria, que tuvo lugar en 1897. Como se confundía con Queen's Square (¡situada en King Street!), en 1905 Queens Cross se convirtió en Kings Cross, en homenaje al rey Eduardo II. Darlinghurst Road, William Street y Victoria Street se convirtieron en mi área de actuación. Cuando no me encontraba en The Opposition, andaba fuera, explorando los bajos fondos.

No tardé en ganarme la confianza de muchos de los chicos y las chicas que trabajaban en la calle. Pronto aprendí a no confiar en la policía, y menos en la brigada antidroga. Me hice unas tarjetas de visita y se las entregaba a todo el que me encontraba. No incluían más que lo básico: mi nombre, un número de teléfono y LLAMA SI ME NECESITAS. Me sorprendía lo eficaces que resultaban, así que me pasé meses haciéndolas y repartiéndolas. A menudo, cuando llegaba a trabajar había alguien esperándome o sonaba el teléfono y me decían: «Ruth, tienes otra llamada».

Wendy, una prostituta de veintidós años, se convirtió en mi mediadora. Llevaba mucho tiempo haciendo la calle y sabía todo lo que había que saber sobre lo que pasaba en la zona, quién hacía qué y a quién había que evitar. Además, tenía principios. Era una de las pocas personas por allí que no se drogaba: su único objetivo era ganar lo suficiente para comprarse una casa y «a los demás que les den».

Un día estaba charlando con ella en la calle cuando un coche patrulla se detuvo a nuestro lado. Antes de que pudiera decir nada, Wendy saltó:

—¡Largo de aquí!

—¿Qué pasa, Wendy? —preguntó el policía mientras bajaba la ventanilla—. ¿Te has echado una nueva amiga?

Me acerqué al coche y le entregué al tipo mi tarjeta hecha a mano.

—Soy Ruth, la nueva de The Opposition. ¿Y usted?

—Hay que joderse, otra pirada de los curas —se burló—. Pues no vas a durar mucho.

—Podría ser más educado… o al menos intentarlo, si no es mucha molestia —respondí.

El hombre se bajó del coche, abrió la puerta trasera, me agarró del brazo y me metió a empujones en el asiento trasero.

Sí, tuve miedo. Wendy me había advertido que la policía estaba corrupta y sabía el tipo de trato que solían dispensar. No llevaba ni dos semanas en el puesto y la policía ya me iba a conocer.

—Calla y escucha —me dijo el agente una vez que estaba dentro del coche—. Tú aquí no mandas, así que no empieces a dar problemas. Haz tu puto trabajo y no te entrometas.

—¿Que no me entrometa dónde, oficial? —pregunté con el tono más inocente posible.

—Joder. Tú no andes por las calles y punto. ¡Quédate sentadita en tu oficina de mierda y escribe informes o lo que sea! Pero no escuches a la chusma.

—Pues a mí me parece que la chusma es con quien estoy ahora mismo —respondí con calma antes de caer en la cuenta de lo que estaba diciendo. ¿Cómo demonios se me había ocurrido?

El policía se dio la vuelta y me observó. Yo le clavé la mirada sin parpadear. ¿Qué tenía que perder?

—Que sepas que no te voy a quitar el puto ojo de encima. Tú pásate de la raya y verás cómo desapareces. Hale, largo.

—Gracias por el aviso, oficial —respondí mientras me bajaba del coche—. Que pase usted buena noche.

Wendy se había esfumado, pero volvió y me dio un abrazo.

—¡Qué cabrones! —exclamó—. ¿Estás bien?

—Sí, mejor que bien, la verdad.

Aquel fue el comienzo de mi relación cada vez más peligrosa con la policía y la brigada antidroga de Kings Cross.

Sydney City Mission ofrecía un número reducido de camas, duchas calientes, cenas y orientación, pero lo más importante es que brindábamos amistad y comprensión a quien cruzaba nuestras puertas. Muchos de los trabajadores de la calle no querían más que un lugar tranquilo en el que descansar y un abrazo. A mí los abrazos siempre se me han dado fenomenal, así que no me costaba darlos. Además, me permitían comprobar en un instante el peso de la gente (casi siempre demasiado delgada) y notar el olor a alcohol, drogas y, a menudo, sexo reciente. Con esa información podía proporcionar algo más de ayuda.

Simon, un joven chapero, había encontrado a su madre muerta en el coche a los catorce años: se había suicidado gaseándose en el garaje. Desde entonces, decía, el olor a tubo de escape le daba ganas de vomitar, pero no podía librarse de él. A los diecinueve, era uno de los chavales que traficaban con su cuerpo, apoyado en una alta tapia de ladrillos a la espera de que lo recogiese algún coche de paso. Se la chupaba a otros hombres por veinte dólares, se dejaba follar por cuarenta. Se odiaba a sí mismo y, a base de emborracharse con garrafas de vino barato, ya estaba alcoholizado.

Lo conocí en Foster Lane, un callejón cercano, angosto y

sin luz. A su alrededor se cernían los altos edificios comerciales, rodeándolo por completo salvo por la entrada. Más o menos a mitad del callejón, a mano derecha, encontré un contenedor de desechos comerciales con una pesada tapa con bisagras. La basura apenas alcanzaba un porcentaje mínimo de su contenido; el resto eran papeles y cajas, vasos desechables, papel continuo de ordenador y otros residuos de oficina.

Pronto aprendería que aquel contenedor constituía un lugar de lo más apañado para dormir: el primer mendigo que se lo encontraba libre se lo quedaba para pasar la noche. Aquella en concreto estaba ocupado por Simon. Tenía el pelo rubio grasiento, la piel amarillenta y unos ojos tristísimos.

Simon se convirtió en un visitante regular de la misión, adonde iba a comer algo, a darse una ducha y a charlar un rato antes de volver a la calle. Todo esto sucedió antes de que el sida asolara la zona, aunque muchos de los chicos ya daban positivo en enfermedades de transmisión sexual y hepatitis B. Simon padecía las dos. Pocos meses después de que lo encontrara en el contenedor de basura, le dieron tal paliza que murió, solo, en aquel mismo callejón.

Kathy tenía el pelo negro corto y cara de duendecillo. Era diminuta; sus ojos cansados brillaban artificiosos gracias al maquillaje recargado. Había llegado desde Perth huyendo de los abusos sexuales de su padrastro. Tras atravesar las llanuras de Nullarbor haciendo autoestop, había terminado en las calles de Kings Cross. Wendy me la trajo a la misión.

—¡Estaba en el sitio de Sue! —exclamó—. Ha tenido suerte de que la viera yo antes de que volviera, porque la habría dejado medio muerta.

Muchas de las chicas tenían lugares fijos en las calles, que habían conseguido a base de esfuerzo. Había una especie de ranking: cuando eras nueva, empezabas donde el trabajo no era tan bueno y con el tiempo ibas ascendiendo.

Kathy vestía un *short* vaquero muy prieto, una blusa liviana azul atada bajo los pechos pequeños y zapatos de tacón. No llevaba medias. Parecía muy joven. Wendy estaba consternada.

—Por la pinta no debe de tener más de catorce, joder. ¡Haz algo, Ruth! —exigió—. Tú mírale los brazos, ¡ya anda pinchándose!

—¡Tengo dieciocho, es que parezco más joven! —gritó Kathy mintiendo con descaro.

En cuestión de semanas, Kathy ya iba camino de la autodestrucción. La heroína que consumía costaba setenta y cinco dólares por dosis y a menudo la cortaban con matarratas. Era tan joven y tan nueva en las calles que enseguida se hizo popular entre los clientes y no tardó en tener varios habituales. Al principio los obligaba a usar condón, pero le pagaban más si les dejaba hacerlo a pelo.

Conseguí llevarla a un refugio para mujeres, pero al cabo de un mes estaba de vuelta en las calles. Aquello se convirtió en un círculo vicioso y nadie en el centro conseguía sacarla de él, aunque seguía viniendo a vernos y a menudo se quedaba dormida en alguna silla de puro agotamiento.

Luego estaba Slime. Un día subió las escaleras de mi oficina y se quedó parado ante la puerta abierta.

—¿Eres Ruth?

—Sí. Entra y siéntate si quieres. —Era corpulento, vestía

con elegancia, tenía el pelo oscuro limpio, las uñas mordidas y estaba mal afeitado—. ¿Tú quién eres?

—Llámame Slime.

—¿Es que no tienes nombre?

—Ninguno que a ti te interese.

—Vale.

—Has echado un cable a uno de mis colegas. Así que quería verte y darte las gracias.

—¿Y lo que has visto te ha gustado?

Asintió.

—Tengo tu tarjeta —murmuró al tiempo que la sacaba del bolsillo—. Había pensado pedirte que me acompañaras a los juzgados el miércoles. Nada serio, es solo por traficar otra vez.

Slime dirigía a un grupo de camellos; él no se dedicaba a la prostitución: «A mí ese rollo no me va. Yo los ayudo a sobrevivir a esa mierda». En su mente, les estaba haciendo un favor. Con Slime aprendí mucho sobre el tráfico de drogas en Kings Cross. Me contó quiénes eran los chulos, dónde se colocaban los principales traficantes y cómo funcionaba la corrupción con las autoridades. Algunos de los narcos, según me dijo, pagaban a los policías para obtener protección.

Lo que quería aquel día era que diese referencias de su carácter en un juicio.

—Tú di que me conoces y tal. La policía me quiere en la calle, no en chirona.

Me quedé sentada en silencio unos minutos. Tenía la impresión de que aquello suponía adentrarme en terreno pantanoso. Si accedía, estaría como quien dice dando mi apoyo a una red de corrupción policial.

—No puedo hacerlo, Slime.

Se miró los pies antes de encogerse de hombros.

—Pues nada, estas cosas pasan. Había que intentarlo.

La semana siguiente, estaba abajo ayudando a servir la cena. En un rincón, un grupo de chavales miraban a alguien hacer flexiones. «... veintiocho, veintinueve, treinta». Fui a echar una ojeada. Slime se acercó y propinó una patada al chico, que había parado y estaba tumbado en el suelo.

—¿Y dices que eso son flexiones? No tienes ni idea, mamón. —Se tumbó y empezó a hacerlas con un solo brazo—. Así es como se hacen las flexiones. ¡No esa mierda con los dos brazos!

Al llegar a treinta, alzó la vista hacia mí.

—¡Hey, Ruth! Al final no me hiciste falta. La policía retiró los cargos.

Sonrió, me guiñó un ojo y se marchó.

Sallie-Anne Huckstepp llevaba en las calles más de diez años cuando la conocí. Era una mujer bonita de veintitantos. Se había casado con Bryan Huckstepp, heroinómano, a los diecisiete y había empezado a prostituirse para costearle la adicción, primero en Kalgoorlie y luego en Sídney, donde ella también había caído en la heroína. El matrimonio estaba abocado al fracaso. En 1981 conoció a Warren Lanfranchi, un camello que ejercía de matón para Arthur «Neddy» Smith, un tipo famoso en la ciudad que había estado en la cárcel por tráfico de drogas, robo, atraco a mano armada, violación y participación en varios asesinatos.

Neddy era uno de los narcos que contaban con protección

policial. Muchos de sus delitos habían quedado en agua de borrajas gracias al comisario de la policía judicial Roger Rogerson (quien, en el momento de escribir este libro, sigue en la cárcel por asesinato). Seis meses después de que Sallie-Anne se fuera a vivir con Warren, Rogerson lo mató de un disparo, se supone que en defensa propia. Sin embargo, Sallie-Anne creía que había sido una trampa y exigió una investigación. Dio la cara y apareció en los programas de televisión *60 Minutes* y *A Current Affair*, donde afirmó que un grupo de policías corruptos, con Rogerson a la cabeza, controlaba el narcotráfico en Sídney y se deshacía de los delincuentes que se interponían en su camino.

A mediados de 1984, Sallie-Anne me entregó un sobre con información sobre el modo en que las drogas entraban en Australia junto con el nombre de los implicados, incluyendo un caballero del reino, abogados de renombre, altos cargos policiales y miembros de los medios de comunicación. Sallie-Anne sabía que su vida corría peligro. Si la mataban, quería que hiciera pública la información. Yo le prometí que haría todo lo que pudiera.

Las cosas se estaban poniendo feas para Rogerson y los miembros de las brigadas anticorrupción y antidroga. Sallie-Anne hizo varias declaraciones pormenorizadas ante la subdivisión de asuntos internos de la policía de Nueva Gales del Sur, alegando corrupción, manipulación de pruebas, soborno y asesinato. Todo acabó en manos de la Real Comisión del Servicio de Policía de Nueva Gales del Sur (conocida como la Real Comisión Wood), pero eso no sucedió hasta 1995. Por desgracia, para Sallie-Anne ya era demasiado tarde.

HISTORIAS DE LAS LIBRERÍAS

FRANK, EL SENDERISTA QUE AMA LOS TRENES

Un alemán bronceado y en muy buena forma, con pantalón corto, jersey de lana y unas gastadas botas de senderismo de la mejor calidad, entró en la librería con una enorme mochila a la espalda. Se llamaba Frank.

Quería un libro que llevarse en su siguiente excursión, a Hump Ridge, y me preguntó si tenía algo sobre trenes. En aquel momento solo había un título, pero le dije que me iban a llegar dos más esa misma semana. Resultó que Frank era escritor, librero e historiador, y tenía su propia editorial en la pequeña ciudad de Berga. Le gustaban tanto los trenes que en su tarjeta de visita había uno dibujado, en su página web aparecía otro y, por lo que dijo, también vendía muchos libros sobre ellos.

Decidimos que, cuando volviera de hacer la ruta, se quedaría unos días con nosotros y trabajaría en nuestro bosque. Teníamos mucho de lo que hablar y, para entonces, los otros dos libros sobre trenes ya habrían llegado.

Al igual que yo, Frank llamaba a su editorial un «emprendimiento pequeñito». Su padre había fundado un doble negocio (periodístico y editorial) en 2001, harto de trabajar por cuenta ajena. Era un apasionado del transporte ferroviario y el patrimonio industrial. Poco a poco acabó centrándose en la minería del lignito y la pizarra, incluyendo los ferrocarriles industriales de Alemania.

Frank y su padre habían trabajado juntos desde que acabó la universidad en 2003. En 2014 tomó el testigo de manera oficial.

Tras años de intentos, por fin había obtenido acceso a los archivos fotográficos del antiguo periódico regional *Volkswacht*, publicado por primera vez en 1911 y que fue propiedad del Partido Comunista hasta 1990. Las fotografías y la historia de su supervivencia eran increíbles, ¡así que escribió un libro sobre el tema!

Para el padre de Frank supuso un viaje al pasado, ya que había trabajado diez años en él como periodista, desde 1977, escribiendo sobre historia local y economía. Cuando trató de dejarlo en 1987, pues no estaba cómodo con la línea política del periódico, le dijeron: «¡Nadie deja el Partido [Comunista]!». Sin embargo, acabó haciéndolo y pasó a trabajar en una editorial.

El padre de Frank acababa de obtener acceso a los archivos históricos de los servicios secretos de Alemania del Este (la «Stasi») y en 2019 los dos habían sacado una pequeña publicación sobre los informantes de la Stasi que trabajaban en el periódico del partido delatando a sus colegas para garantizar que los contenidos reflejaran el ideario comunista.

Ahora Frank está escribiendo el cuarto volumen de su serie de libros sobre minería de pizarra. Localizó a un viejo minero que había coleccionado documentos y archivos históricos durante los años que trabajó en las minas. Había guardado toda la información en cajas de explosivos vacías. ¡Imaginad lo que sus vecinos pensarían al ver sesenta cajas de dinamita entrar en su taller!

Frank se quedó con nosotros cinco días, trabajó con ahínco y devoró numerosos libros. Al marcharse, le regalé dos: *A Walking Guide to New Zealand's Long Trail: Te Araroa* [*Una guía de senderismo por la ruta larga de Nueva Zelanda: Te Araroa*], de Geoff Chapple, y *The Map That Changed the World: William Smith and the Birth of Modern Geology* [*El mapa que cambió el mundo: William Smith y el nacimiento de la geología moderna*], de Simon Winchester. Confiaba en que la guía lo tentase a regresar para ver los árboles que había plantado en la pequeña zona que ahora llamamos El Huerto de Frank.

22

La llamada del hogar

En septiembre de 1984, mi hermana Jill me llamó desde Nueva Zelanda. Iba a someterse a una operación de gravedad en Invercargill y me preguntaba si sería posible que volviera a casa y le echase una mano con los cuidados cuando le dieran el alta.

Pedí una semana de vacaciones en The Opposition y volé hasta Christchurch, donde me quedé unas noches con mi padre y mi madrastra antes de bajar a Cromwell.

Al segundo día de volver a Nueva Zelanda, recibí una llamada.

—Hola. No creo que reconozcas mi voz, pero tenía que llamarte.

Aquel hombre tenía razón: no me sonaba de nada.

—¿Quién es?

—Solo una pregunta antes de seguir: ¿sigues siendo católica?

Supe de inmediato que se trataba de Lance. Habían pasado diecisiete años desde la última vez que habláramos en la isla de Stewart.

—¡Lance! —No me lo podía creer, quería reír y llorar—. ¿Cómo sabías que estaba aquí?

La historia era típica de Nueva Zelanda. Josie, la mujer que compartía habitación con Jill en el hospital de Invercargill, era amiga de Lance. Cuando las dos se habían puesto a hablar y Jill había comentado que su hermana iba a venir desde Sídney para cuidarla, Josie debió de mencionar a su amigo Lance y Jill debió de contarle la historia de mi compromiso anulado con un tipo que se llamaba igual en la isla de Stewart... Ahí se dieron cuenta de que era la misma persona. Jill le dio a Josie su número de teléfono para que se lo pasara a Lance y cuando este la llamó, ella le dio el de mi padre.

—¿Qué te parece si subo a buscarte? Podría estar allí dentro de ocho horas.

Y ahí se presentó, en la puerta de casa, ocho horas después, increíblemente apuesto, con el pelo oscuro, la barba y los ojos amables de siempre. El mismo hombre que recordaba, hasta el último detalle. Y fue como si hubiéramos retomado la relación donde la dejamos en la isla de Stewart, casi dos décadas antes. En ese momento Lance era patrón de un barco del Departamento de Conservación, el Renown, en la costa de Fiordland.

Fue un momento extraordinario para los dos. No me podía creer que me hubiera encontrado. Acababa de pasar por una separación muy dolorosa. Justo un año antes estaba en el mar y, al volver a casa, encontró una nota de su mujer diciendo que lo había dejado y había vuelto con su familia a Melbourne, llevándose a su hijo pequeño, Dane. Lance hizo todo lo posible por recuperar a su familia, pero no lo consiguió y pasó por una fase de depresión grave. Entonces volví a su vida.

Yo seguía guardando el anillo que me regaló a los veintiuno. Lance me contó que él había llevado el suyo hasta que un cabo se lo arrancó del dedo mientras amarraba un pequeño mercante costero en Bougainville.

Al día siguiente bajamos a Cromwell, por lo que dispusimos de seis horas de coche para hablar. Después de almorzar en Omarama, nos abrazamos en plena acera. Me sentí como si hubiera encontrado mi hogar después de buscar durante muchísimo tiempo.

Lance tenía que volver a embarcarse al día siguiente y yo me quedé una semana con Jill. A continuación, fue a buscarme y me llevó a Manapouri. Dos fabulosos días después, había decidido vender el Magic, renunciar a mi puesto en Kings Cross y bajar a Manapouri para quedarme con Lance. Parecía fácil, pero debería haber imaginado que no lo sería en absoluto.

Volví a Sídney y empecé a poner mis cosas en orden. Entonces me enteré de que a un joven policía llamado Michael Drury le habían disparado dos veces a través de la ventana de su cocina, mientras daba de comer a su hija de tres años. Sobrevivió y afirmó que el responsable había sido el abominable Roger Rogerson, pues Drury se había negado a aceptar sobornos a cambio de manipular pruebas en un juicio por narcotráfico.

Las cosas se pusieron feas; los rumores tomaron las calles. Yo sabía que la información que me había confiado Sallie-

Anne bastaba para quitar de en medio no solo a Rogerson, sino a un buen número de personas conocidas... y respetadas. Hablé con mi tío Bill, que había pasado toda su vida en el Cuerpo y le pregunté si conocía a algún policía honrado o a alguien a quien pudiera darle una copia de la información si le pasaba algo a Sallie-Anne. Tras leer las declaraciones me aconsejó que no me fiara de nadie y me mandó enviar una copia a Lance en Nueva Zelanda y esconder los originales.

Sin embargo, no fue eso lo que hice. Como una idiota, decidí fiarme de un reportero a quien veía a menudo en las calles, en los juzgados y, de tanto en tanto, en las comisarías. Estaba escribiendo lo que parecían artículos detallados y realistas sobre la corrupción policial y me daba la impresión de que sería un buen aliado. Junto con Tim, un colega del trabajo, concerté una cita con él y le hablé de algunas de las pruebas que tenía. Por lo visto, aquella misma noche fue directo a la brigada antidrogas y se lo contó.

Una madrugada, después de una noche movidita en The Opposition, Tim y yo volvíamos a nuestros coches. Al acercarnos, nos dimos cuenta de que las puertas del suyo estaban abiertas y el vehículo inclinado. Se lo habían destrozado, le habían rajado los neumáticos de un lado y reventado las ventanillas.

Entendimos de inmediato que debíamos salir de Sídney: aquello era una advertencia clarísima. Mi coche lo habían dejado intacto, así que nos fuimos derechos a Melbourne, que queda a unas nueve horas, sin parar siquiera a hacer la maleta. La hermana de Tim llamó al trabajo por nosotros y dijo que nos habíamos ido al norte a ver a su madre, que estaba muy enferma. En realidad, habíamos puesto rumbo al sur. Permanecimos de incógnito una semana; durante ese tiempo, Lance se preocupó muchísimo porque no sabía nada de mí, pero yo tenía demasiado miedo como para hacer llamadas por si nos ponía en peligro a nosotros o a nuestros seres queridos. Después regresé a Sídney sola en el coche; Tim lo hizo en tren.

A mi vuelta, llamé a Lance y le conté por encima lo sucedido. Al instante se ofreció a venir a ayudarme.

—No puedes hacer nada —le dije. Tuve una visión: Lance a lomos de un caballo blanco, galopando hacia Darlinghurst Road... Había sido cazador de ciervos en Fiordland, así que estaba acostumbrado a usar armas, pero esto era otro nivel. Él no conocía la jungla local—. Volveré a casa lo más rápido posible —le aseguré.

En cuestión de semanas, el Magic estaba a la venta, mis cajones de madera y la cruz de Joshua embalados y de camino a Christchurch, y mi coche vendido. Me despedí de todos los amigos que había hecho en las calles, medio deseando poder quedarme, pero sabedora de que era imposible. Además, tenía la oportunidad de volver a casa y empezar de nuevo. Después de años cambiando de vida como quien cambia de camisa, sabía que a la vuelta de la esquina me esperaba la posibilidad de cierta estabilidad.

No obstante, fue duro dejar la comunidad que había formado en Kings Cross. Slime me abrazó para mi sorpresa, y Wendy me regaló un pequeño anillo de oro que todavía llevo en el meñique de la mano izquierda.

En diciembre de 1984 me marché en dirección a las montañas de Fiordland, y a Lance.

En febrero de 1986, el tío Bill me llamó para decirme que habían matado a Sallie-Anne.

Habían encontrado su cuerpo en un estanque del Centennial Park de Sídney: la habían estrangulado antes de ahogarla.

Peter Smith, un policía federal con quien mantenía una relación, declaró durante la investigación que Sallie-Anne estaba convencida de que Neddy Smith y Roger Rogerson iban a intentar matarla. El juez de instrucción dictaminó que no había pruebas suficientes para imputarles cargo alguno y que Sallie-Anne había sido asesinada por una o varias personas desconocidas. Nunca se inculpó a nadie.

Unos cuatro años más tarde, mi tío me puso en contacto con un político recién elegido a quien conocía y en quien confiaba. Después de hablar con él por teléfono, le envié la información que Sallie-Anne me había entregado. Más tarde me negué a declarar como testigo de la acusación en una audiencia, pues debía tener en cuenta la seguridad de Lance y Dane. Estaba convencida de que el niño, que vivía en Melbourne con su madre, no estaría a salvo de represalias.

Aunque a Rogerson lo expulsaron del Cuerpo de Policía en abril de 1996, prosiguió con su carrera criminal: fue sentenciado a varias penas de cárcel por distintos delitos. En la actualidad cumple cadena perpetua junto con otro antiguo oficial de policía, Glen McNamara, por el asesinato de Jamie Gao, un traficante de veinte años, en mayo de 2014. Ambos perdieron el recurso de apelación en julio de 2021.

La serie de televisión *Blue Murder* [*Asesinato en azul*],

ambientada en Sídney en los años ochenta y que llegó a las pantallas en 1995, cuenta la historia de los trapicheos entre Rogerson y Neddy Smith. Su secuela, *Blue Murder: Killer Cop* [*Asesinato en azul: policía asesino*], una miniserie en dos partes estrenada en agosto de 2017, continúa la historia del antiguo comisario Roger «the Dodger» Rogerson.

HISTORIAS DE LAS LIBRERÍAS

JACK Y EL EQUÍVOCO DE TEMPORADA

CERRADO EN INVIERNO. LLAMA SI QUIERES QUE ABRA, reza el cartel que cuelga en el exterior de las librerías fuera de temporada. Manapouri, como quien dice, echa el cierre durante el invierno. No tenemos pistas con las que atraer a los aficionados al esquí o al snowboarding y muchas de las rutas de senderismo están clausuradas, por lo que bajo la persiana a finales de abril y vuelvo a subirla entre mediados y finales de septiembre. Es una buena oportunidad para reponer el inventario, hacer limpieza de primavera y ver si les hace falta algún cuidado a los libros raros o antiguos.

Una vez, a principios de septiembre, estaba arrancando las malas hierbas del jardín delante de la librería infantil cuando vi a un niño de unos diez años de pie junto a la puerta de la principal.

—Ya no es invierno. ¿Por qué no estáis abiertos?

—Abrimos dentro de unas semanas; pero, si quieres, puedo hacerlo ahora mismo.

—Entonces deberías decir que estáis cerrados en invierno «y» a principios de primavera —respondió con tono serio.

Mientras abría la librería principal, le pregunté qué le gustaba leer.

—La librería infantil está vacía porque guardamos todos los libros durante el invierno —le expliqué—, pero puedes echar un vistazo a esta. Yo me llamo Ruth. ¿Y tú?

—Jack. He venido con mi madre a pasar una semana. Deberías haber abierto hace cuatro días.

No pensaba dejar el tema. El gorro de lana azul le caía hasta el borde de las gafas; iba bien abrigado para el frío que hacía.

—¿Qué te gusta leer, Jack? —le pregunté, tratando de desviar su atención de mi obvia ignorancia sobre las estaciones.

Se quedó parado en mitad de la tienda y la recorrió con la mirada.

—Sobre chorros marinos. Hay muchos en el muelle de casa. ¿Sabes lo que es un chorro marino?

Por suerte, tenía ciertos conocimientos sobre ascidiáceos (o chorros marinos), pues Lance era buceador y fotógrafo submarino, así que yo también buceaba en Fiordland, donde abundan estos animales.

—Ascidiáceos. Sí, los he visto cuando he ido de buceo.

—¡Jo, cómo mola! —Jack me observó con interés renovado. No era tan idiota como él había creído.

—Tengo un libro sobre ascidiáceos en mi biblioteca —le dije—. Voy a buscártelo.

¡Qué alivio! Me había redimido.

—¿Sabías que el chorro marino blanco solo se encuentra en Fiordland? —comentó Jack tras hojear el libro con interés.

—Pues no —respondí—. ¿Y eso?

En ese momento llegó su madre; había bajado a comprar a la tienda del pueblo.

—Jack lleva esperando cuatro días para conocerte —dijo.

—¿Por qué no llamasteis? Le habría abierto la tienda.

—Quería decirte en persona que no estábamos en invierno y estaba esperando a ver cuándo te dabas cuenta de que ya era primavera.

Era evidente que la madre de Jack conocía de sobra la forma de ser de su hijo.

—Sí, eso me ha dicho.

Me ofrecí a regalarle el libro a Jack, pero su madre dijo que podría tomarlo prestado cuando volvieran otra vez de vacaciones.

Mientras se alejaban, oí al niño contarle a su madre:

—¡Le he dicho que estamos en primavera!

Era hora de cambiar el cartel.

23

Volver a casa

Volé a Wellington con sentimientos encontrados. Lance me esperaba con Dane, de diez años, a quien habían adoptado de bebé. Había llegado desde Melbourne para pasar las vacaciones escolares con su padre: aquella era mi nueva familia. Lance y yo nos abrazamos, reímos y lloramos; en lo emocional, los dos estábamos hechos polvo y reconocíamos que aquello era muy fuerte. Se trataba de un nuevo comienzo para ambos. Lance tenía cuarenta y dos años; yo, treinta y ocho.

Con mis dos maletas cargadas en el maletero, embarcamos en el ferry Interislander a Picton para dar comienzo a nuestras primeras «vacaciones en familia». La situación me estresaba: después de tanto tiempo separada de Lance, me moría por estar con él, pero otra parte de mí seguía en Kings Cross, al lado de Sallie-Anne y el resto de las trabajadoras de la calle.

Todavía no me sentía segura; no paraba de pensar que el caos que había dejado atrás podía alcanzarme. ¿De verdad era tan sencillo marcharme y empezar de cero? Y, luego, una idea igual de intimidante: ¿estaba preparada, pero de verdad, para una nueva relación seria?

Dane era un chaval muy guapo, con una sonrisa alucinante, y su parloteo constante me ayudó a poner los pies en la tierra. Para entonces mi hijo tendría veinte años, casi la edad necesaria para poder aceptar que lo contactara, pero en aquel momento a quien tenía junto a mí era a otro niño, que me daba la mano confiado en que todo saldría bien. Recuerdo decirme que era mi oportunidad para cambiar el rumbo de mi vida, para dejar de huir. En mi mente se repetía la imagen de un parabrisas salpicado de gruesas gotas de lluvia. Cuando los limpiaparabrisas enjugaban las lágrimas, yo empezaba a ver con claridad un camino seguro ante mí.

Nos quedamos con mi padre y su nueva esposa en Christchurch, por lo que pude ver a todos mis tíos y primos. Llevábamos diecinueve años sin coincidir. «Sí, he vuelto para quedarme», no paraba de repetir.

Mi padre estaba encantado, aunque seguía demostrándolo a su manera poco cariñosa: «Tú asiéntate, por el amor de Dios. No hagas ninguna tontería. Deja las cosas tranquilitas».

Llegamos a Manapouri justo a tiempo para asistir a la boda de Hunter, el hermano de Lance. Fue la oportunidad perfecta para que su familia más extensa me conociera. Me sentía una impostora en muchos sentidos —solo la madre y el hermano de Lance sabían de mí—, pero, por suerte, todo el mundo me aceptó sin hacer apenas preguntas. El padre de Lance, Lucky, un hombre enorme de voz estentórea, me rodeó con el brazo y se puso a llamarme Shorty, por mi baja estatura, un apodo que solo él siguió usando hasta su muerte.

A lo largo de las semanas siguientes, Lance, Dane y yo fuimos tejiendo con todo el cuidado los lazos de nuestra pequeña familia. A veces daba un paso atrás y nos contemplaba estupefacta al comprender que formaba parte de algo muy especial, algo que buscaba y anhelaba desde hacía mucho tiempo. No obstante, siempre ha habido un pero en mi vida, y allí estaba de nuevo: en lo más hondo no creía merecerme a Lance y a Dane. Así que, temiendo lo inevitable, me puse en modo autopreservación y me fui cerrando en banda. Me moría por formar parte integral de aquella familia, pero empecé a alejarme de Lance, tanto emocional como físicamente.

Manapouri es una pequeña localidad enclavada junto a un bello lago y rodeada por tres de sus caras por unas montañas espectaculares y el parque nacional de Fiordland, que forma parte de la zona sudoccidental de Nueva Zelanda, inscrita en el Patrimonio Mundial de la Unesco. Constituye el final del camino: al llegar a Manapouri puedes dar la vuelta y regresar por donde viniste o subirte a un barco y cruzar el lago.

En aquella época, el turismo ya constituía un pilar importante en la economía del lugar y, como me hacía falta trabajar, Lance me animó a sacarme la licencia de patrón de embarcación comercial. Tenía horas y experiencia en el mar de sobra, por lo que me apunté a un curso de seis semanas en Dunedin. Lance seguía al mando del Renown, por lo que podía pasar hasta diez días seguidos fuera de casa. Luego volvía unos cinco antes de embarcar de nuevo. Yo me acostumbré rápido a aquella rutina y, aunque lo echaba de menos, en muchos sentidos fue un buen arreglo, ya que a ambos nos daba tiempo para adaptarnos al otro.

De los dieciocho alumnos en mi curso, solo dos éramos mujeres. La otra venía de la isla de Stewart y su objetivo era gobernar su propio barco pesquero. Llevaba acompañando a su padre muchos años, por lo que tenía un montón de experiencia en aguas costeras; entre las dos sumábamos más millas de navegación que cualquiera de los hombres. Las lecciones eran bastante básicas hasta que llegamos a la ingeniería, donde yo iba por detrás del resto. Por suerte, Lance me echaba una mano siempre que venía a verme y, aunque estaba nerviosísima por el examen oral, aprobé.

Al volver a casa, encontré trabajo en Fiordland Travel (que ahora se llama Real Journeys) como patrona en sus barcos para turistas. Trabajaba sobre todo a bordo de los de clase Fiordlander, que tenían potentes motores dobles diésel, por lo que resultaban fáciles de maniobrar.

Cada día cargaba hasta ochenta pasajeros que se habían inscrito bien en excursiones de un día a Doubtful Sound, bien en un trayecto más corto a West Arm para visitar la planta eléctrica de Manapouri. En temporada alta, a veces hacía cuatro trayectos al día, rezando por que hubiera algo de niebla para poder usar el radar o un poco de viento para tener un pequeño reto al que enfrentarme. Siempre desconfiaba de lo demasiado fácil; necesitaba algo de dificultad y esfuerzo. Además, llevaba la alianza a pesar de que Lance y yo no estábamos casados, pues quería interponer algún tipo de barrera con los pasajeros varones.

Como era tan menuda, los chicos del taller me construyeron una pequeña caja a la que subirme cuando me ponía al timón. Después de embarcar y contar a los pasajeros para asegurarme de que coincidían con el número enviado por la oficina, zarpábamos de Pearl Harbor. A través del altavoz daba la bienvenida a bordo y ofrecía una introducción básica, incluyendo información sobre salud y seguridad, antes de ponerme a charlar sobre los paisajes que encontrábamos por el camino. En general era divertido, pero no paraban de hacerme las mismas preguntas banales:

—¿Hiciste los mismos exámenes que los hombres?

—¿Alguna vez has tenido temporal?

—¿Sabes usar el radar?

—¿Te dejan gobernar el barco cuando hace mal tiempo?

—¿Puedes ponerte la gorra para que te hagamos una foto?

—¿Qué le parece a tu marido que manejes barcos?

La gota que colmó el vaso fue un hombre que se subió al puente de mando un día y empezó a ligar conmigo. Dijo que estaba muy sexy con el uniforme y que lo mejor del trayecto era que yo fuese su patrona. ¿Me apetecía salir a cenar con él?

Nos encontrábamos en medio del lago y estaba harta. Puse las palancas de mando en punto muerto, apagué los motores, encendí el micrófono y me volví hacia al resto de los pasajeros.

—Este hombre me está acosando verbalmente y me niego a continuar con la travesía hasta que abandone el puente de mando.

Todo el mundo se quedó de piedra y el hombre regresó a su sitio muerto de vergüenza.

Les di las gracias a todos por su paciencia, volví a poner en marcha los motores y reanudé el trayecto de vuelta a la base.

Mis tres cajones de madera habían llegado a Christchurch, así que me organicé para subir y traérmelos de vuelta a Manapouri. Por fin tenía un hogar permanente para todo, incluida mi preciada colección de libros.

Sin embargo, cuando llegamos me dijeron que no podía llevarme la cruz de Joshua porque estaba hecha con madera sin tratar. Me quedé atónita. Después de tanto tiempo, estaba a punto de conseguir reunirlo todo en un solo lugar y, lo más importante, quería encontrar un emplazamiento permanente para la cruz.

Explicamos lo importante que era y preguntamos si había alguna manera de recuperarla. Al final decidieron que la fumigarían y me la enviarían por correo.

Nuestra casa en Manapouri —en la que ya llevamos viviendo treinta y cinco años— es de madera, pequeña y acogedora, y se encuentra escondida entre árboles. Conforme mis pertenencias fueron encontrando su sitio, también lo hice yo. Me sentía segura y empezaba a amar el lugar y sentirlo mío. Lance fabricó una a una las estanterías para mis libros; era maravilloso tomar conciencia de que por fin los estaba desembalando y colocando en su hogar definitivo.

Por fin un día llegó el saco de arpillera, cuidadosamente embalado en una caja de cartón, y allí, esperando paciente en el interior, estaba la cruz de Joshua.

Aunque me emocionó tenerla conmigo, me provocó una profunda depresión y una sensación de pérdida con la que me costaba mucho lidiar. Al cabo de unas semanas, Lance me convenció de ir al médico. El doctor Patrick O'Sullivan dio en el clavo con sus preguntas y, cuando acabó de hacérmelas, se inclinó hacia delante y me preguntó:

—Así pues, ¿qué quieres hacer con la cruz de Joshua, Ruth?

—Quiero que esté en un lugar seguro, no escondida en un saco.

Lance y yo habíamos barajado distintas opciones —enterrarla en el bosque, sacarla al mar y arrojarla al océano o ponerla en nuestro patio trasero—, pero ninguna de aquellas ideas ofrecía el consuelo que necesitaba, de que su último viaje había llegado a su fin.

—¿Y el cementerio? —preguntó el doctor Patrick.

—No tengo un cuerpo, ni cenizas.

—Tal vez no hagan falta, solo un lugar en el que clavar la cruz. ¿Qué te parece si llamo al ayuntamiento y averiguo si es posible?

Por la cara me rodaron lágrimas de alivio. Sentí que aquello era lo correcto.

—Sí, por favor. Pregunte.

Unos días más tarde me llamó.

—Han accedido a dejar que pongas la cruz de Joshua en algún lugar cerca de la valla; no por dentro del cementerio principal, sino justo al lado. ¿Qué te parece?

¿Que qué me parecía? Me parecía fantástico.

—Subiremos a buscar un sitio; en cuanto lo tengamos le avisaré para que pueda hacérselo saber al ayuntamiento —respondí antes de agradecérselo con efusión.

Lance y yo dimos con el lugar ideal en la cara sur del cementerio, mirando a la bahía de Te Anau y, más allá, a los picos Cathedral.

Llamé al médico, le expliqué dónde era y le pregunté si podía plantar un árbol autóctono al lado de la cruz de Joshua. Poco tiempo después, Lance y yo elegimos una pequeña haya roja, no mucho más alta que yo, y delante clavamos la cruz. La pequeña placa de latón reza:

Joshua, 13 horas de edad, por fin descansa en paz.

Peter, el pastor baptista del pueblo, estuvo a nuestro lado durante la breve ceremonia. Por fin sentí que el viaje de Joshua había terminado.

Casi fue así.

El trabajo con Fiordland Travel me gustaba mucho. Tenía el barco como los chorros del oro y el motor reluciente, pues lo limpiaba cada mañana cuando llevaba a cabo la comprobación diaria. Estaba orgullosa de mi trabajo y quería que los pasajeros disfrutaran de verdad de la excursión por el lago, así que procuraba que mi embarcación tuviera un aire más festivo y alegre que las de los patrones masculinos.

En Navidad colgaba adornos en el interior y ponía villancicos mientras embarcaban los pasajeros. Envolvía regalos y jugábamos a pasar el paquete durante el viaje de vuelta a la base; nos divertíamos un montón. A veces, después de dejar a un grupo en West Arm, volvía de vacío a la base de Manapouri, un trayecto recto y sin dificultad que me permitía sentarme tras el timón y tejer. ¡En una temporada me dio tiempo a hacerle dos jerséis a Lance!

Visitábamos a Joshua con frecuencia y a menudo nos llevábamos el pícnic. El árbol crecía con fuerza y yo sabía que era el lugar perfecto para él. Pero un día, al llegar, la cruz había desaparecido. No me lo podía creer, ¿por qué haría nadie algo así? Miramos por todas partes por si la habían tirado entre los arbustos.

Sin embargo, no la encontramos, así que me llevé un disgusto tremendo. Lance llamó al ayuntamiento y se enteró de que la había quitado su personal, creyendo que la habían clavado allí de manera ilegal. La tenían en un cobertizo. Cuando fuimos a recogerla, descubrimos que el listón principal estaba roto y el resto había empezado a pudrirse, por lo que decidimos encargar una cruz nueva.

La vieja permaneció un tiempo en la cabaña del jardín. En muchos sentidos, me alegraba poder verla todos los días, acariciar la madera áspera y pensar en Joshua. Al final encontré a la persona adecuada para construir una cruz nueva. Un joven ebanista de Nelson con el que había trabajado tenía un cartel en su furgoneta en el que se leía: JESÚS TAMBIÉN FUE CARPINTERO. Le expliqué lo que quería y me construyó la cruz más hermosa, que me acompañó de vuelta a Manapouri mientras Lance llevaba su barco hasta Doubtful Sound por la costa oeste.

Celebramos otra pequeña ceremonia en el mismo lugar, pero esa vez la clavamos en una zapata de hormigón.

Durante mucho tiempo, la cruz de Joshua me había parecido un símbolo de mi vida caótica: siempre de un lado para otro, sin encontrar jamás la paz. Ahora él tenía un hogar, igual que yo. Solo faltaba una pieza para completar el rompecabezas.

Necesitaba encontrar a mi hijo vivo.

HISTORIAS DE LAS LIBRERÍAS

CABALLERO GEORGE, QSO

Cada pocos meses, Pam Plumbly, experto en antigüedades y subastador, celebraba una subasta de libros en Dunedin a la que yo asistía. La primera vez que lo hice, otro tratante me dijo: «No te sientes ahí», mientras señalaba una butaca de aspecto comodísimo en la primera fila. «Es el sitio de George».

Me senté al fondo, en una silla dura, y esperé a ver quién era el tal George.

Minutos antes de comenzar la subasta, llegó un caballero entrado en años. La gente lo saludaba con un gesto de la cabeza mientras se abría paso hasta su butaca; estaba claro que todos lo conocían.

Más tarde descubrí que George Griffiths era un historiador, escritor, editor, redactor y periodista de cierto renombre. Había sido galardonado con la Orden de Servicio de la Reina (QSO, por sus siglas en inglés) en 1990 y nombrado ciudadano del año de Dunedin en 1999. Era un apasionado de los libros y la música, por lo que no me sorprendió enterarme de que se trataba del fundador y propietario de la famosa librería Otago Heritage Books.

Después de la subasta me presenté; quedó encantado al saber que tenía una librería «especializada» en Manapouri.

—La próxima vez, vente a Dunedin la noche antes de la subasta y cenamos juntos en mi librería —me propuso ilusionado—. Dejaré que eches un vistazo y te apartaré algunos libros.

Así fue como me encontré sentada a una mesa puesta con primor en mitad de una enorme librería, compartiendo cena con George.

Era un hombre muy agradable, algo calvo, con algunos mechones de pelo blanco y la barba corta, ojos azules avispados y una sonrisa leve y rápida. Hablamos durante horas mientras repasaba sus colecciones, no solo de libros, también de música. Compré todos los que me había apartado y algunos otros, varios de ellos auténticas rarezas.

George me hablaba como si supiera de libros tanto como él. Me recibió entre sus filas. Yo estaba tan abrumada por su generosidad y por la facilidad con la que compartía sus conocimientos que casi lloré cuando, al despedirnos, me abrazó.

En la siguiente subasta, me senté más cerca de las primeras filas y de la «butaca de George». Lo saludé con un gesto de la cabeza, al igual que los demás, cuando lo vi aproximarse a su sitio.

Años más tarde, George y algunos de sus amigos melómanos alquilaron nuestro yate, el Breaksea Girl. Habían estado investigando la historia temprana de la música en Nueva Zelanda. De acuerdo con los cuadernos de viaje de James Cook, editados por J. C. Beaglehole, cuando el capitán Cook se encontraba en Dusky Sound en 1773 «hizo que tocaran las gaitas y el pífano, y que tañeran el tambor». George creía que aquella fue la primera vez que sonó música europea en Nueva Zelanda. Para celebrar la ocasión, sus amigos y él decidieron recrear aquel momento histórico tocando la gaita, el pífano y el tambor en Dusky Sound.

George luego escribió el libreto de la obra de Anthony Ritchie *From the Southern Marches*. Murió en 2014 a los ochenta y un años, con un sólido historial de logros a sus espaldas.

24

Las aventuras de Lance

En los veinte años que llevábamos sin vernos, la vida de Lance también había estado llena de vicisitudes. De hecho, cuando nos reencontramos teníamos tanto de lo que hablar que nos va a llevar el resto de la vida.

Lance Shaw, que forma parte de la comunidad de Manapouri desde hace mucho tiempo, tiene mucha historia a sus espaldas. Aquí está.

Abandonó los estudios tres veces; como él dice, la escuela no era lo suyo. Primero dejó el instituto masculino de Southland y empezó a estudiar por correspondencia, pero se libró a los quince, cuando su familia se rompió. Su madre, un hermano y él pasaron una campaña trabajando en una plantación de tabaco en Motueka antes de mudarse a Auckland. La madre pensaba que Lance tenía potencial, por lo que lo inscribió en la escuela de secundaria Mount Roskill, pero el chico de pueblo no encajaba en el ambiente urbano y, en tan solo un par de meses, lo acosaron tanto que se marchó.

En 1958, a los quince, consiguió trabajo en el puente del puerto de Auckland como chico del té: tomaba los pedidos, los preparaba y los servía por una libra al día. Al principio estaba en Northcote, por lo que tenía que cargar con la bicicleta por las vigas de acero que conectaban los pilares del puente inacabado para luego pedalear al otro lado.

Cada día, veía los barcos arribar y zarpar del puerto. Parecía un estilo de vida emocionante y se le quedó la espinita clavada.

Pronto se cansó de hacer té y entró como peón en una obra: acarreaba hormigón por el triple de sueldo. Su madre se había ido a vivir con un electricista, así que pensaron que Lance podía aprender el oficio. Él lo intentó, pero llegó a la conclusión de que no era lo suyo.

Pasó poco tiempo pintando pieles con aerosol para fabricar zapatos, luego probó en una carnicería. Al final, desesperado por no encontrar su lugar, decidió echarse a la mar.

Lo primero que necesitó fue una libreta sindical del Sindicato de Marinos. El pago de la tasa le daba derecho a «quedarse en el rincón» al lado de otros que esperaban que les dieran trabajo. En general, quien se encargaba de contratarlos era el primer oficial del barco. Fue el del Tiri, una decrépita gabarra de madera, quien ofreció a Lance su primer trabajo como grumete.

El Tiri transportaba mercancías por la costa norte de Auckland, incluidos hígados de tiburón en lecheras, troncos de kauri desde Totara North, en el puerto de Whangaroa, y mantequilla de la fábrica de Awanui. Era mucho más interesante que preparar té. Al cabo de ocho meses, pasó a grumete en el Karamau, que hacía la ruta tasmana hasta Sídney. Durante la primera travesía, sin embargo, uno de los marinos le tiró los tejos. Lance abandonó el barco en cuanto regresaron a Auckland.

Quemado por aquella experiencia, volvió a Manapouri y encontró trabajo en el hotel Tourist Hotel Corporation de Te Anau, donde empezó como preparador de desayunos y fue ascendiendo hasta tercer cocinero. Para entonces había cumplido los dieciséis. Con la experiencia acumulada, pasó una breve estancia en el Eichardt's Private Hotel de Queenstown, antes de probar suerte en el famoso Chateau del parque nacional de Tongariro. No obstante, convencido de que sus habilidades culinarias eran algo básicas para un establecimiento de tanto nivel, lo dejó.

Viendo que se quedaba sin opciones laborales, Lance se hizo vendedor de cerámicas para Bond and Bond. Empezó un curso de comercio y administración de empresas en la politécnica, donde su tutor, que trabajaba para Te Awamutu Machinery, vio su potencial y le ofreció un puesto, también vendiendo cerámica. Enseguida demostró ser tan bueno que lo ascendieron y le dieron un coche de empresa, algo nada habitual en la época.

Aquel fue el primer trabajo en el que duró más de un año, pero entonces empezó a darse cuenta de que si tenía éxito como hombre de negocios acabaría igual que sus jefes, por quienes sentía poco respeto. Así que se despidió.

Nueva Zelanda estaba empezando a implicarse en la guerra de Vietnam, por lo que Lance decidió presentarse voluntario. Su madre, Kath, que era pacifista, quedó horrorizada por la noticia. Lo organizó todo para que el muchacho pasara una temporada en una comuna cerca de Ngāruawāhia, donde aprendió sobre la historia de Vietnam, el sinsentido de la guerra y la participación neozelandesa. Al cabo de seis semanas, volvió con una visión más clara de la realidad. La guerra no era para él.

En 1963, a los veinte años, Lance regresó a Manapouri y se dedicó a cazar ciervos en el parque nacional de Fiordland con su hermano mayor, Hunter. La pieza salía a un chelín con tres peniques el medio kilo, sin cabeza ni corvejones. Como la pieza pesaba de media unos treinta y seis kilos, se ganaban cinco libras, unos diez dólares neozelandeses, por animal: un buen precio en 1963, cuando el salario medio semanal era de algo menos de cincuenta dólares. Las colas y la piel se pagaban aparte, ya que se usaban en la medicina asiática. El dinero estaba bien, pero las condiciones —y la competencia— eran peligrosas. A medida que se extendía el uso de helicópteros, la caza desde el suelo dejó de ser rentable. Hunter se unió como tirador a la cuadrilla de un helicóptero, pero el número de jóvenes que morían en aquel tipo de trabajo convenció a Lance una vez más de que debía buscarse otro oficio.

En 1964, conoció a un tipo y llegó a un acuerdo verbal para ir con él a pescar bacalao azul en la costa de la isla de Stewart. Tras tres meses pescando juntos, su socio se fugó y le dejó todas sus deudas. A él le costó encontrar trabajo, pues los lugareños no se fiaban. Desesperado, aceptó el mando de un pesquero, el Mareno, aunque en realidad no estaba cualificado para el trabajo. Gobernando el barco prácticamente solo, pescaba en los alrededores de Ruggedy, en la costa noroeste de la isla. Por suerte, dio con una colonia de langostas y, a los ocho meses, había saldado las deudas.

Como los isleños seguían desconfiando de él y, además, lo consideraban poco sociable —mucho trabajo y poca diversión—, acabó por marcharse. Volvió a Manapouri a lamerse las heridas y retomó la caza con su hermano. Entonces, de la nada, recibió una llamada de Miky Squires, un pescador de la isla de Stewart, que le ofrecía un puesto a bordo del Rosalind. Miky le contó que había comprado recientemente el Ecstasy, un velero de clase X que acababa de ganar la Sanders Memorial Cup. ¿Qué tal si Lance competía con él la próxima vez?

Lance volvió a la isla de Stewart.

Había navegado algunos años en distintos tipos de embarcaciones pequeñas; aquella era una oferta que no podía rechazar. Por desgracia, con los vientos flojos que hubo en la zona durante las pruebas de la Sanders Cup, el Ecstasy perdió ante un barco más rápido y no pudo representar a la isla de Stewart en la siguiente copa de vela.

Miky y Lance pasaron alrededor de un año pescando langostas y practicando el arrastre. Fue entonces cuando lo conocí.

Tras romper nuestro compromiso, Lance se fue a Australia y, con cincuenta centavos en el banco, se hizo con un puesto en un yate de crucero que iba a Nueva Guinea. Pasó tres semanas de responsable en un pub de mala muerte de Puerto Moresby antes de embarcar en un pequeño carguero llamado Katika como primer oficial. Aunque no estaba cualificado, el propietario del barco andaba desesperado por conseguir a alguien para poder zarpar. El capitán del puerto le hizo algunas preguntas básicas sobre navegación y, acto seguido, selló el papel correspondiente.

El Katika navegaba por la costa de Nueva Guinea transportando mercancías y copra. Lance estuvo en Rabaul unos años antes de que yo llegara..., en una época en la que todavía llevaba la alianza que habíamos mandado hacer con el oro de papá cuando nos prometimos. Sin embargo, mientras el Katika atracaba al pie del pequeño muelle de una plantación de cocos en Bougainville, el anillo se le enganchó en un cabo y cayó por la borda.

La mayoría de las plantaciones donde descargaban carecían de muelle, por lo que las mercancías se llevaban a tierra en una gabarra con motores fueraborda. La carga se echaba por el costado del barco, que seguía navegando a seis nudos, lo que constituía una maniobra peligrosísima. Si no había carga que recuperar, el patrón continuaba su curso, y Lance y su tripulación se quedaban atrás, descargando la gabarra para luego volver a dar alcance al barco. El patrón no bajaba de velocidad por ellos, sino que tenían que volver a izar la gabarra a bordo del barco en movimiento.

Al final Lance se cansó. La gota que colmó el vaso fue un día en que tenían un montón de mercancía para tres plantaciones distintas. Como es lógico, los responsables de las plantaciones querían comprobar el producto entrante antes de firmar los conocimientos de embarque. Para cuando terminaron, había oscurecido y el barco se había alejado rumbo norte. El propietario de una plantación se ofreció a alojar a Lance y al resto de la tripulación, pero él, por algún motivo, se sintió en la obligación de volver al barco. Así que se adentraron en la noche, navegando por los mares salpicados de arrecifes en busca del Katika. Mientras subía por la borda, el patrón le preguntó a Lance si estaba bien. Este se le pegó a la nariz y le gritó «¡No! No estoy bien. Este es mi último viaje».

En cuanto atracaron, le pagaron lo que le debían y se volvió en avión a Puerto Moresby.

Tras conseguir la licencia de capitán de pesca costera hasta cincuenta toneladas, a Lance le ofrecieron un puesto de oficial en el barco nodriza de una flota de dieciséis arrastreros de gambas. Duró un año, pero como no cogían lo suficiente para que mereciera la pena, los barcos regresaron a Kuwait. Lance volvió a quedarse sin trabajo.

Tenía un montón de preguntas sobre la guerra de Vietnam, así que decidió ir a investigar la situación él mismo. Al llegar al país conoció a un par de reporteros: uno a favor de la participación de Nueva Zelanda y el otro en contra. Después de hablar con ellos, Lance sintió que había tomado la decisión correcta al no alistarse.

Voló de vuelta a casa y se hizo con un puesto de patrón de barcos turísticos para Fiordland Travel en el lago Manapouri. Entonces recibió un telegrama de un estadounidense a quien había conocido en Puerto Moresby: le ofrecía trabajo en un gran yate chárter, el Polynesia, con base en Antigua, en el Caribe. Aceptó y, al aterrizar en Antigua, adonde llegó prácticamente en la ruina, descubrió que su contacto americano se había esfumado y que el Polynesia estaba tan oxidado que no podía navegar.

Pidió prestado dinero a su madre para volar a Canadá, la colonia británica más cercana, pues no podía trabajar en Antigua sin un visado. Llegó en pleno invierno, por lo que no había trabajo a bordo de ningún barco, pero accedió a trabajar en Sudbury, en una mina de níquel. A pesar de los cuidadosos exámenes médicos y del curso de seguridad, fue el único de los veintitrés hombres contratados que no sufrió ninguna lesión en seis meses.

Empezó trabajando a 457 metros bajo tierra, en una de las minas más profundas de Canadá, que descendía hasta los 2.377 metros. Su trabajo consistía en sacar el barro de las zanjas de drenaje, luego pasó a limpiar las zonas de rocas sueltas tras una explosión. Los jefes decían que, cuanto más trabajaran, más rápido ascenderían hasta el puesto mejor pagado: colocar y cebar los explosivos. Los novatos siempre formaban equipo con un minero más experimentado. Lance disfrutaba con el trabajo duro; había hombres buenos en lo suyo y él aprendía un nuevo oficio. Cuando lo dejó, tenía las cuentas mucho más saneadas.

De Canadá voló a Inglaterra para ver a su madre, que estaba allí tratando de saber más sobre su genealogía. Lance viajó mucho e hizo turismo. Estaba haciendo autoestop de Londres a Dover para tomar el ferry a Francia cuando lo recogió una combi llena de hippies que lo invitaron a su casa. Lo introdujeron al LSD, que causaba furor en los psicodélicos sesenta y principios de los setenta, y acabó quedándose casi un mes con ellos. Luego se unió a su madre en el viaje de vuelta a Nueva Zelanda en barco.

Durante la travesía, Lance conoció a quien sería su primera mujer, que volvía a casa a Melbourne. Diez días después trataron de casarse a bordo, pero no estaba permitido (esto me recuerda a mi «matrimonio» con Peter). Se quedó en el barco cuando arribaron a Nueva Zelanda y ambos se fueron a Australia, donde por fin celebraron la boda. Meses más tarde, Lance llevó a su mujer a Manapouri y ambos trabajaron más de cuatro años en Fiordland Travel. Luego él compró un barco langostero y pasó unos años faenando junto a la costa de Doubtful Sound, aunque sin demasiado éxito, pues tenía poca experiencia reciente en la pesca comercial de langostas. Para entonces habían adoptado a Dane y, de todas formas, Lance ya no quería estar en el mar.

Entonces se dedicó a poner trampas para ciervos por toda la zona de Doubtful Sound. Usaba el langostero para hacer noche y transportar los materiales con los que construir las cercas para los animales y llevarlos sedados de vuelta a Deep Cove, donde guardaba un Land Rover con el que cruzar el paso de Wilmot. Luego los cargaban en la proa de un Fiordlander para cruzar el lago Manapouri y trasladarlos a otro vehículo, en el que los llevaban a los recintos que tenía en el jardín trasero. El negocio iba bastante bien cuando recibió una factura de impuestos inesperada por valor de quince mil dólares. Vendió el barco y las trampas para saldar la deuda.

Luego le ofrecieron el puesto de patrón en el Renown, propiedad del Departamento de Tierras y Cartografía (más tarde, Departamento de Conservación). Tuvo que volver a alejarse de casa, pero el trabajo le encantaba: navegaba por la costa de Fiordland hasta la isla de Stewart y bajaba hasta las islas Snares. Trabajaba con gente interesante y recibía un sueldo fijo.

Fue durante aquella época cuando su matrimonio hizo aguas. Lance sufrió depresión durante tres años, pero por suerte pudo seguir trabajando.

Fue más o menos entonces cuando yo volví a aparecer.

Lance siguió trabajando en el Renown unos siete años más antes de dejarlo, pues lo consideraban «demasiado ecologista». Mientras trabajaba para el Departamento de Conservación se había empapado de conocimientos de algunos científicos marinos y estaba preocupado por la sobrepesca. Se implicó en la campaña a favor de las reservas marinas de Fiordland, se unió a Earth Trust y a Greenpeace, y se puso a promover con pasión la educación ambiental. Llegó a la conclusión de que era hora de dejar el departamento.

A principios de 1995, decidió poner en marcha su propio negocio de embarcaciones chárter, Fiordland Ecology Holidays. Entre los dos acumulábamos un montón de experiencia relevante. Lance no podía ser más feliz que cuando estaba en el mar y yo era de los patrones más seguros con quienes se había cruzado. Sus conocimientos expertos sobre Fiordland, la isla de Stewart y las islas subantárticas, así como su amor por el océano y la historia natural, hacían de él el propietario perfecto de un negocio centrado en el medioambiente. En cuanto a mí, tenía licencia de patrón, sabía bastante de barcos y había sido propietaria y gerente de éxito de varias pequeñas empresas.

Ofrecíamos vacaciones a medida, distintas de las demás por su fuerte hincapié en la ecología. No se pescaba a bordo y un porcentaje de los beneficios se dedicaba a la investigación medioambiental. En general, la gente creía que nuestra política antipesca era un suicidio comercial, ya que el resto de los de barcos chárter sí ofrecían esta actividad. Sin embargo, nuestro objetivo era abogar por la conservación y la educación ambiental.

Lo primero que nos hizo falta fue un barco. Después de alquilar durante dieciocho meses el pesquero Evohe, de veinticinco metros de eslora, decidimos comprar nuestro propio motovelero, capaz de llevar a los pasajeros hasta las islas subantárticas.

Lance encontró el barco perfecto al subirse a bordo del Reef Enterprise, de veinte metros, que navegaba junto a la playa de Airlie, en Queensland. En cuanto arribó con él a Nelson lo rebautizamos Breaksea Girl, en honor al rompedor proyecto de conservación en el que habíamos participado en la isla de Breaksea en 1988, de donde se consiguió erradicar por completo a las ratas. Desde entonces, esos mismos principios se han empleado por todo el mundo para acabar con plagas de especies alóctonas.

Quien navegaba en el Breaksea Girl acababa adorándolo.

Durante los dieciséis años que llevamos Fiordland Ecology Holidays, Lance bajó veintinueve veces a las islas subantárticas con equipos de rodaje, científicos y turistas, echando una mano en su trabajo y subvencionando los costes de flete.

En el momento de escribir estas líneas, llevamos juntos treinta y ocho años. El 7 de octubre de 2011 tuvimos por fin el valor de casarnos.

Aquí reproduzco un pequeño fragmento de mi promesa a Lance:

> Hoy te conviertes en mi marido. Quiero saber lo que anhelas, cuáles son tus sueños y tus inquietudes. Quiero compartir la

> vida, nuestros momentos de felicidad y de tristeza. Fuiste mi primer amor y hoy me convierto en tu mujer. Así pues, te prometo cuidarte y quererte.

Y Lance me dijo:

> Ruth, cariño mío, aunque hemos pasado por momentos realmente difíciles durante los últimos veintisiete años, el amor ha hecho que sigamos juntos... Pase lo que pase, siempre estaré a tu lado. Mi objetivo en la vida es alentarte en todos los caminos que tomes y ayudarte a conseguir lo que te propongas. Te prometo intentar protegerte siempre, de los demás... ¡y hasta de ti misma!

Lance ha mantenido su promesa, aun en los momentos más difíciles.

HISTORIAS DE LAS LIBRERÍAS

LIBROS ANTIGUOS DEL LIBRERO BRIAN

Uno de los libreros a quienes conocí en las subastas de Plumbly cuando tenía mi primera librería, 45 South and Below, fue Brian Nicholls, que se dedica a la compraventa bajo la marca Vintage Books of Dunedin.

Poseía una gran colección propia de libros, adquiridos a lo largo de todos los años en que había sido profesor. Después de comprarse una casa en Broad Bay en 1995, trabajó dos años en la maravillosa Scribes Bookshop de Dunedin, donde aprendió el oficio antes de montar su propio negocio. Se planteó abrir una librería en el centro de Dunedin, pero, como tenía un garaje enorme en la planta baja, decidió poner allí su tienda.

Lo primero era construir un montón de estanterías; luego llenarlas. El hijo de un vecino, que estaba estudiando Informática en la Politécnica de Otago, accedió a diseñarle una página web y en 1998 se lanzó al mercado.

Al principio tenía muchos clientes, pero en la actualidad casi todo su negocio proviene de internet. Su base de datos contiene unos quince mil libros. En los últimos años ha ido concentrándose más en materiales publicados en Nueva Zelanda.

Como es lógico, cuando abrí la primera de mis librerías pequeñitas acudí a Brian para aprovisionar las estanterías medio vacías. Pronto me llegaron desde Dunedin cajas de libros maravillosos que Brian, todo generosidad, me permitió pagar a medida que se vendían.

Si tengo dudas sobre un libro, por raro que sea, Brian tendrá la respuesta. Si uno de mis clientes quiere un libro que yo no tengo, es probable que sí lo tenga él.

¿Que mis baldas parecen desangeladas? Hora de visitar Dunedin y rebuscar en el garaje de Brian, cuyas estanterías van del suelo al techo.

25

Encontrar a mi hijo

La Ley de Adopciones de 1955 introdujo un nivel de secretismo que impedía de forma efectiva todo contacto entre la madre biológica y el hijo. No nos permitían ver al bebé durante el parto y esperaban que volviéramos a nuestra vida anterior tras el nacimiento como si no hubiera pasado nada. La idea era que así olvidaríamos más rápido a la criatura, evitando el dolor y el luto por la pérdida. No funcionó, claro, pero nos silenciaron. La sociedad no aprobaba la existencia de hijos ilegítimos y la adopción era una respuesta cómoda a una situación socialmente vergonzante e inaceptable.

No era ilegal que la madre biológica supiera quién adoptaba al niño, pero el proceso estaba diseñado para que le resultara dificilísimo averiguarlo. A los padres adoptivos, en cambio, les decían el nombre y la edad de la madre, y solían darles algo de información sobre ella. Las audiencias para las solicitudes de adopción tenían lugar en los juzgados a puerta cerrada y, con el tiempo, las actas pasaban a ser confidenciales y se emitía un nuevo certificado de nacimiento con el nombre adoptado del bebé; al fin y al cabo, ¡se trataba de un nuevo nacimiento! La madre biológica tenía derecho a recibir información no identificativa, pero solo si la solicitaba.

La Ley de Información sobre Adopciones para Adultos de 1985 significó el fin de la era de las adopciones secretas, al proporcionar a los adultos adoptados y a los padres biológicos acceso a la información correspondiente a su caso.

Al igual que tantas otras madres que no habían tenido más remedio que entregar a sus hijos en adopción, yo estaba empeñada en encontrar al mío. Aquel año cumpliría los veintiuno. Como había dado a luz en Wellington y había firmado los papeles de la adopción allí, estaba convencida de que lo habría adoptado una familia de la ciudad. En su momento había indicado que quería que fuera a un hogar católico: no sé muy bien por qué me importaba tanto, pero por lo visto así era. De forma que tenía dos datos con los que tirar del hilo: era probable que se encontrara en Wellington y en el seno de una familia católica.

Desde 1976, Jigsaw y otros grupos de apoyo a la adopción han ofrecido una ayuda fundamental a cualquiera que busque a padres biológicos o hijos adoptados. También pusieron en marcha acciones políticas para acabar con las adopciones secretas. Me uní a ellos cuando mi hijo tenía dieciocho años. Recibía con regularidad su folleto con información sobre madres, y a veces padres, que buscaban a un hijo adoptado. Párrafos cortos con pistas breves y vagas: tal y tal busca a un varón nacido en la fecha X en el hospital Y.

Yo había escrito al Departamento de Bienestar Social de Wellington solicitando cualquier información que tuvieran sobre mi hijo y comunicándoles que iba a iniciar el proceso de búsqueda. En respuesta, recibí una carta que incluía todos los antecedentes no identificativos que tenían en su archivo.

> En el momento en que su hijo fue adoptado, el marido tenía treinta y cuatro años, y la esposa veintinueve. Tenían dos hijas, de seis y tres años. El padre adoptivo se describe como apuesto, alto, con el pelo negro rizado y de tez morena. El expediente indica que su esposa se parecía a usted físicamente. Ambos son de ascendencia holandesa y católicos practicantes. El marido trabajaba como directivo en una empresa de la que también poseía acciones. El contacto con la familia cesó en mayo de 1965.

No había nada más que pudieran contarme.

A mí aquello no me disuadió lo más mínimo. Más bien pensé: «Bueno, pues me presentaré en su oficina». Dicho y hecho.

Pedí dos semanas libres en el trabajo, volé a Wellington y fui derecha a las oficinas del Departamento de Bienestar Social. La funcionaria que me había escrito se sorprendió al verme y, al principio, no se desvió de lo que me había contado por carta. Afirmó que no podía hacer nada más. A mí solo me faltaba suplicarle, así que al final dijo, mientras se alejaba de mí: «Los censos electorales son muy útiles».

Me fui a la biblioteca pública de Wellington y pedí el último censo electoral, pero me dijeron que debía ser más específica: ¿de qué localidad? Pensé a toda prisa. Sabía que el padre era empresario, así que decidí que empezaría por el centro de Wellington e iría ensanchando el radio. Sabiendo que mi hijo había acabado en una familia holandesa, me planteé cuáles eran los apellidos holandeses más comunes y pensé que podrían empezar por «van». Poco a poco fui peinando todos los nombres de la lista, en busca de registros de un hombre de negocios de ascendencia holandesa y una mujer, con dos hijas y un hijo.

Terminé dando con la familia «Van der Berg», formada por un directivo, su esposa, una hija y un hijo llamado Andrew. Faltaba otra hija, ¿tal vez le hubiera pasado algo? Sentada, me quedé mirando el nombre y repitiéndolo una y otra vez en voz alta: «Andrew van der Berg. Andrew van der Berg». ¿De verdad había sido tan fácil encontrarlo?

Volví al Departamento de Bienestar Social, subí corriendo a la oficina y le pregunté a la mujer:

—¿El apellido es Van der Berg?

Por su cara, supe de inmediato que había acertado. No sé cómo, pero la combinación de coincidencia, adivinación, intuición y empeño me había llevado hasta mi hijo.

El censo electoral también me proporcionó su dirección, pero sabía que no podía presentarme sin más en la puerta de su casa. Era importante que la familia y Andrew quisieran conocerme tanto como yo quería conocerlos a ellos. Y necesitarían tiempo para prepararse emocionalmente.

Sin embargo, no había nada que me impidiera ir a verlo, así que conduje hasta la calle, aparqué a cierta distancia de su casa y esperé. Recuerdo haber pensado: «Tiene veinte años, así que estará trabajando y no volverá hasta las cinco y media».

Al cabo de un rato vi entrar en la vivienda a una mujer alta, elegante y bien vestida, pero no llegó nadie más. Esperé hasta que estaba demasiado oscuro para ver bien. Sentí una tristeza y una decepción increíbles, pero había llegado demasiado lejos como para darme la vuelta. Sabía que eran católicos, así que conduje hasta la casa parroquial más cercana y pedí ver al párroco.

La mujer que salió a la puerta quería saber quién era, así que saqué mi carta ganadora: mencioné que había trabajado como cocinera para el cardenal McKeefry. Funcionó. Me condujo a una sala de espera en la que, por fin, conocí al padre Brian Sherry. Era un hombre agradable y cordial. Tras una breve charla y no pocas dudas, le pregunté si conocía a la familia Van der Berg. Con una sonrisa amable, me respondió:

—¿Por qué me lo preguntas, Ruth?

Así que se lo expliqué todo. Cuando acabé, el padre Sherry me sonrió, me dio la mano y respondió:

—Sí, los conozco; vienen a misa aquí. No sabía que Andrew fuera adoptado.

Fue un momento crucial. Aquel hombre conocía a mi hijo.

El padre Sherry me contó que Andrew era rubio y que era un buen hijo, muy amado en su familia. También me contó que su hermana mayor, Jackie, se había matado en un accidente de coche en 1984, por eso no aparecía en el censo electoral. Durante el trance, Andrew había sido un gran apoyo para sus padres, y estaba unido de manera especial a su madre.

Cada nuevo detalle sobre el hombre en quien se había convertido Andrew era como un regalo para mí, aunque de algún modo también me resultaba extrañamente familiar. Era rubio con ojos azules, igual que mi padre. Trabajaba de albañil, igual que tantos de mis primos. Después de hablar un rato conmigo, el padre Sherry dijo:

—Puedo ver a Andrew en ti. No me puedo creer lo mucho que os parecéis.

A pesar de la conversación cordial, lo notaba preocupado por lo que mi repentina presencia pudiera significar para aquella familia unida. Le expliqué que lo último que quería era hacer daño a quienes habían criado tan bien a mi hijo.

—No quiero presentarme de improviso y fingir que soy su madre —le dije—. Lo único que quiero es conocerlo.

Entonces se me ocurrió algo. Sabía que era mucho pedir, pero le pregunté al padre Sherry si él estaba dispuesto a hablar por mí con la familia. Le dije que, si me decía que no, no intentaría entrar en contacto con ellos de nuevo.

El padre Sherry me pidió que lo dejara en sus manos; ya me avisaría.

Fue todo un ejercicio de paciencia. Al cabo de unos meses, me llegó un telegrama:

> Llámame por favor. Brian Sherry

Lo hice de inmediato y me dijo que Andrew y su familia querían conocerme.

HISTORIAS DE LAS LIBRERÍAS

MI HÉROE DE LA INFORMÁTICA

A la vuelta de la esquina de nuestra casa vive mi ahijado Jeb con su madre. Oliver, su hermano mayor, que también es ahijado nuestro, trabaja en finanzas en Wellington. Los dos tienen una cabeza privilegiada.

Jeb ahora tiene dieciocho años y siempre me ha sido de mucha ayuda. Hasta los trece más o menos me echaba una mano con el jardín a diez dólares la hora. Si lo necesitaba, llamaba y le pedía que viniera a ayudarme en el bosque. Para mi sorpresa, un día me respondió: «¡Lo siento, Ruth, pero ya no soy peón!».

Acababa de hacerse con un iPad y estaba entregado en cuerpo y alma a alimentar su creciente interés por la informática, para la que resultó tener un talento natural. Daba igual lo que le preguntáramos sobre ordenadores, televisores o teléfonos móviles, siempre tenía la respuesta. Así pues, le sugerí que, en vez de nuestro peón, fuera nuestro informático. Ahora, siempre que tenemos un problema tecnológico, le mando un correo electrónico y, si anda por casa, a los pocos minutos se me presenta en la puerta.

Jeb tenía dieciséis años cuando empecé a escribir este libro. Yo me levantaba sobre las cinco y media, me preparaba un café y escribía hasta las ocho y media. Una mañana, al encender el ordenador a primera hora, apareció una pelota multicolor bailando por la pantalla. El resto estaba congelado.

Qué frustración. Esperé con impaciencia hasta las 6.49 con la esperanza de que para entonces Jeb estuviera despierto.

06.49 Ruth

Lo siento, Jeb, pero no soy capaz de abrir ningún archivo.
Me he levantado a escribir y lo he intentado todo. Puedes
ponerme por mail qué debo hacer? Gracias, Ruth

06.52 Jeb

No tendrás los archivos ya abiertos?
Has hecho clic en ellos?

(¡Genial, ya está levantado!).

06.53 Ruth

Qué haces despierto?! Voy a mirar y ahora te digo.

06.57 Ruth

He abierto un archivo que ya estaba abierto y ahora aparece
una pelotita de colores encima y no puedo hacer nada.
Debería volver a conectar el USB?

07.01 Jeb

Por qué está conectado el USB? Vas a abrir
algún archivo desde ahí?
Si nada te funciona, haz clic con el botón secundario

(2 dedos) en la aplicación que quieras usar para abrir
lo que sea (Word, supongo). Haz clic en Salir.

(Noto cierta irritación...).

07.05 Ruth
No, el USB no está conectado.
Acabo de hacer clic en Salir.
He intentado volver a abrir Word, salta todo el rato
y la pelotita de colores también sigue rebotando,
así que no puedo hacer nada.

07.07 Jeb
Vale. Prueba a hacer clic en el logotipo de Apple en la
esquina superior de la pantalla y luego haz clic en Reiniciar.

(El problema no se resuelve).

07.11 Ruth
Estoy en pijama. Puedo llevarte el portátil?

07.11 Jeb
... Vale.

(No le hace ninguna ilusión).

Me subí al coche y fui hasta casa de Jeb, que me esperaba en la puerta trasera, también en pijama. Con unos clics y un par de profundos suspiros, el problema quedó resuelto.

Es 4 de abril y la pelota loca ha vuelto. Esta vez, por suerte, no es tan temprano.

08.01 Ruth

Hola, Jeb: ¡la pelotita de colores ha vuelto! Puedo navegar por internet, pero no consigo abrir Word ni Excel. Se te ocurre algo para solucionarlo? Gracias, Ruth.

08.05 Jeb

Haz clic en el logo de Apple (esquina superior izquierda de la pantalla)
Haz clic en Forzar salida...
Haz clic en Excel/Word
Haz clic en Forzar salida
Si el problema no se soluciona, vuelve a hacer clic en el logo de Apple y luego en Reiniciar para reiniciar el ordenador.

08.09 Ruth

Hecho! Gracias! Eres increíble...

08.11 Jeb

¡Mi héroe!

26

Mi niño de ojos azules

Lance fue la primera persona con quien quería compartir la maravillosa noticia. Como estaba navegando, tuve que hablar con él por radio, así que toda la flota de barcos pesqueros y chárter de Fiordland se enteró de mi gran anuncio.

Lance se ofreció a subir a Wellington conmigo cuando fuera, pero yo sabía que necesitaba ir sola. Hablamos de lo que podía pasar y entendí que debía estar preparada para cualquier cosa.

—Me da todo igual. No me importa si está en la cárcel. No me importa si es drogadicto. Solo quiero conocer en persona a mi hijo y voy a aceptarlo sea como sea —le dije a Lance.

Por mi trabajo en Kings Cross, sabía que muchos de los mendigos y prostitutos procedían de hogares rotos o eran adoptados. Algunos no querían conocer a sus progenitores y otros, que sí se habían reunido con la madre o el padre biológico, contaban historias tremendas de rechazo. Sabía que el riesgo de decepción —y hasta dolor— era alto, pero no me importaba.

El día que fui a conocer a mi hijo me cambié de ropa unas

tres veces. Hasta me maquillé —algo que no hacía casi nunca—, porque el recuerdo de su madre entrando en casa el año anterior seguía impreso en mi mente. La había visto elegantísima, con un vestido precioso y una postura impecable. La primera impresión que Andrew tuviera de mí era muy importante. Me sentía como si fuera a una cita a ciegas.

El padre Sherry me había pedido que fuera temprano a la casa parroquial para poder planificar cualquier reacción. Al llegar, estaba temblando de los nervios, pero al sacerdote se lo veía tranquilo y no paraba de sonreír. Me dijo que el padre de Andrew estaba deseando conocerme; su madre dudaba más, cosa que entendía a la perfección. Entonces me reveló que tiempo atrás Andrew les había pedido a sus padres que lo ayudaran a encontrarme. Por eso se alegraron cuando el padre Sherry les habló de mi visita. Para Andrew significaba mucho que yo también lo estuviera buscando.

El sacerdote estaba seguro de que todo iría bien, pero, por si acaso, tenía un plan B: yo esperaría en el cuarto de al lado mientras él hablaba con Andrew. Le expliqué que no quería que mi hijo supiera nada todavía sobre la violación, que aquello tendría que esperar a que nos conociéramos mejor.

Cuando sonó el timbre, estaba tan nerviosa que casi se me saltaron las lágrimas. El padre Sherry salió de la habitación y volvió con un hombre alto y rubio, con vaqueros y un jersey azul. Tenía delante una versión más joven de mi padre. Andrew me miró igual que yo lo miraba a él, sin creernos ninguno de los dos que aquel momento fuera de verdad. Ambos nos echamos a reír antes de acercarnos y darnos un abrazo. Mi cuerpo se adaptó al suyo; estaba donde debía estar. Incluso ahora, cuando hablamos de nuestro primer encuentro, lo que más recordamos es ese instante de carcajada compartida. Andrew tiene la misma risa y la misma sonrisota de rana que yo.

Aquel será siempre uno de los momentos más increíbles de mi vida. Allí estaba aquel chico tan rubio y tan guapo, mi hijo, con un jersey azul que le hacía resaltar el color de los ojos, del mismo tono que los de mi padre. Los dos estuvimos un buen rato sin decir nada; solo reíamos, llorábamos y nos abrazábamos.

Por fin estábamos juntos. A lo largo de los años, había oído a la gente describir este proceso como algo que les permitía «cerrar un capítulo» o encontrar una parte de ellos mismos que les faltaba. Yo no sentí ninguna de esas dos cosas, sino una alegría increíble al ver a ese joven que formaba parte de mí y que, hasta aquel momento, había permanecido entre las sombras de mi vida.

Me pegué a él. De pronto era madre, aunque sabía que era una que debía permanecer separada de su familia. No me importaba. Al menos estaba en su vida. Lo único que se me ocurría era dar gracias a Dios por haberlo encontrado y que estuviera bien.

Andrew me invitó a cenar con su familia y yo acepté de inmediato. Fue una ocasión elegante y formal: las servilletas recién planchadas, la vajilla buena, comida de calidad. Al principio, su madre se mostró tímida y reservada, pero, una vez que vio que no iba a intentar usurparle su lugar, se relajó. Ver la relación tan estrecha que tenía con Andrew me llenó de alegría. Qué suerte, recuerdo haber pensado, que esa fuera la familia en la que acabó.

Al día siguiente, Andrew vino a casa y conoció a la tía Joyce y al tío Bill. Ella le sonrió a través de las lágrimas.

—¡Ay! Eres igualito a tu abuelo. Ojalá tu abuela pudiera verte.

Todos estábamos abrumados. Por suerte, a Andrew le gustaban los abrazos tanto como a nosotros; encajábamos como las piezas de un rompecabezas.

Años más tarde, le conté lo de su padre y la violación. Sabía que le dolería, pero su fortaleza interior fue mayor. Al haberse criado en una familia católica, poseía una fe muy firme. Cuando hablamos de este libro, mi fantástico hijo me escribió lo siguiente:

> Es más que evidente que Dios te ha llevado de la mano y nos ha dado estas experiencias maravillosas, entre ellas la breve descripción en tu libro de nuestro primer encuentro.

HISTORIAS DE LAS LIBRERÍAS

UN EQUIPO DE COMPRADORES DE LIBROS

Faltan tres semanas para la Navidad y el jardín delante de la librería infantil está a reventar de flores; sus colores se suman a los de la tiendecita, tan alegres de por sí. Los libros van de los cincuenta centavos a unos treinta dólares por algunos ejemplares nuevos. Las estanterías están repletas y tengo otras dos cajas de libros limpios y etiquetados, listos para rellenar cualquier hueco.

Mi hermana Jill es quien más compra libros infantiles. Es maestra diplomada y pasó muchos años dirigiendo el centro de día de Cromwell. Ahora que está jubilada, dedica su vida al voluntariado, principalmente como directora de Operation Cover Up, en Central Otago, donde organiza a las tejedoras de las numerosas mantas que mandan al extranjero cada año. Y, una vez a la semana, podemos encontrarla en la tienda de beneficencia de Cromwell. Se pasa horas haciendo punto, trabajando con fieltro o confeccionando las prendas infantiles más alucinantes, así como mantas y tapices. Cuando hicimos un viaje juntas por el sur de Irlanda, se sentaba a mi lado a tejer mientras yo conducía: se recorrió el país haciendo calceta, tal cual.

Cuando me hizo falta alguien que buscara y comprara libros infantiles de segunda mano, Jill fue la elección lógica. Tras enseñarle lo mínimo, ¡se lanzó con tanto entusiasmo que tuve que pararle los pies! Me llegaban cajas y cajas a la tienda, así que debía recordarle que solo hay sitio para ciento cincuenta libros infantiles, ¡no quinientos! «¡Lo sé! —respondió con un suspiro—. ¡Es que no puedo evitarlo!».

En todas las tiendas de beneficencia en cincuenta kilómetros a la redonda la conocen. Los centros de reciclaje tanto de Wanaka como de Alexandra saben que deben apartarle los libros y la reciben siempre con una gran sonrisa. Es como si hubiera montado una red de espionaje libresco.

En lo que a la librería principal respecta, muchos de los libros que tengo en existencias son difíciles de encontrar. Confío en los legados y en la gente que debe reducir sus bibliotecas, rebusco en tiendas de beneficencia y en internet, y trabajo con otros profesionales de la compraventa, sobre todo con Brian, de Vintage Books of Dunedin. También tengo unos cuantos colaboradores que me echan una mano. La mejor compradora ambulante, Rebecca, me localiza libros sin parar, y Vicky también se ha sumado a mi equipo de buscadores de libros. Junto con Steve, su pareja, siempre anda a la caza de inventario para su tienda de antigüedades y objetos de segunda mano, que también se encuentra en Manapouri.

Cuando les pedí que me buscaran ejemplares de *A Short Story of Tractors in Ukrainian* [*Una breve historia de los tractores en ucraniano*], pensaron que buscaba un libro sobre tractores, así que no hubo manera de que lo encontraran, pero sí que volvieron con otros tesoros de lo más variados.

Aun así, es difícil encontrar la clase de libros que yo busco. No me vale cualquier cosa, pues estoy limitada en cuanto al número de ejemplares que puedo almacenar en las estanterías: unos 1.250 en total, sumando ambas librerías. Una vez le gasté una broma a una encantadora anciana que se acercó a la caja cargada de libros.

—Lo siento, pero no puede comprar más de cinco libros. Tengo muy pocas existencias y, si todo el mundo comprara tantos, ¡se me vaciarían las estanterías!

La señora se quedó de piedra antes de responder:

—¡Ay, tiene razón! ¡Qué considerada es usted! Voy a dejar uno de vuelta en la balda.

Me apresuré a aclararle que estaba de broma y se rio.

Pero no creo que vuelva a decir nada semejante...

Por eso a veces mis estanterías parecen un poco vacías.

27

La librería en el fin del mundo

Llevo enamorada de los libros desde los siete años. Todos en nuestra familia eran lectores y mis padres nos animaban a leer. Yo tenía una preciosa minibiblioteca junto a la cama que incluía la serie de Noddy, de Enid Blyton; *La telaraña de Carlota*, de E. B. White, y algunos libros de la colección Little Golden Books. Cuando cumplí los once, la yaya me regaló *Mujercitas* y *Aquellas mujercitas*, de Louisa May Alcott, y a partir de ahí me enganché a los clásicos. Libros de C. S. Lewis, Charles Dickens, Mark Twain, Lewis Carroll y Charles Kingsley no tardaron en llenar las estanterías. Todavía conservo muchos de los libros de mi infancia.

Nunca me planteé hacerme librera, pero de algún modo es una pasión que me ha acompañado casi la mitad de mi vida. Nuestra primera librería estaba en el mismo edificio que Fiordland Ecology Holidays, el negocio que abrimos en 1995. Fue creciendo poco a poco, conforme los pasajeros que venían de excursión nos preguntaban dónde podían conseguir ejemplares de los libros que teníamos en la biblioteca a bordo. Al principio ofrecía algunos títulos en la oficina, sobre todo libros de autores locales o sobre las zonas a las que llevábamos a los clientes. Según creció la demanda, fueron haciéndolo las pilas de libros y pronto montamos una librería que bauticé con el nombre de 45 South and Below.

Abrió las puertas en 1997 y, cuando vendimos el negocio de barcos chárter en junio de 2010, no fui capaz de deshacerme de los ejemplares. Cada uno tenía una historia que contar. Nuestra pequeña vivienda ya estaba llena de libros, así que todas las cajas acabaron en un trastero. Sin que yo lo supiera en aquel momento, todos encontraron un nuevo hogar en Two Wee Bookshops, mis librerías pequeñitas, que abrí años más tarde.

Había descubierto que echaba de menos vender libros, así que Lance, después de pasarse seis años oyéndomelo repetir una y otra vez, sugirió que abriera otra librería. A los setenta y uno, mandé construir a André Bekhuis, de Otautau, una pequeña edificación en nuestra propiedad. Él tenía la cabeza llena de ideas y resultó poseer también un cobertizo repleto de tesoros, incluidas unas preciosas ventanas antiguas. La librería debía ser lo bastante pequeña para no necesitar permiso de construcción (es decir, menos de diez metros cuadrados), debía parecer antigua y acogedora y contener estanterías robustas que albergaran al menos setecientos libros. Aquel iba a ser mi «pasatiempo» de jubilada.

André construyó la primera librería a partir de las dos bellas ventanas semicirculares y una vieja puerta de madera de rimu. Desde el exterior, parece la caravana de unos gitanos; la gente se para todo el tiempo a hacerle fotos. Llegó en el remolque de un gran tráiler y la colocaron sobre los pilares con ayuda de un tractor. La pintamos de verde, azul y turquesa, pusimos una pizarra al lado de la puerta, sellamos el interior de madera y colgamos nuestra vieja campana de barco en la puerta. Por fin estábamos listos para sacar mis libros de las cajas.

En aquel momento estaban en casa Jonathan y Lisa, de Wellington. Los habíamos conocido la primera vez que vinieron a nuestra diminuta cabaña del jardín como huéspedes; desde entonces nos habíamos hecho buenos amigos. Lisa trabaja en una biblioteca y lee un libro a la semana; también escribe reseñas. Jonathan es médico especialista en cuidados paliativos.

Con gran entusiasmo, Jonathan se ofreció a ayudarme a desembalar las cajas, limpiar y poner precio a los libros y colocarlos en las baldas. Debería haberle llevado pocas horas, pero quiso echar un vistazo a cada ejemplar. Si el libro traía ilustraciones, Jonathan iba a paso de tortuga. Siempre recordaré con cariño el día que llenamos las estanterías.

La librería pequeñita estaba lista para abrir.

Desde el primer momento, la campana de latón sonó con frecuencia. Cada vez paraban más coches y la gente salía de la nada, atraída a Wee Bookshop por su aspecto colorido y coqueto. Tuve que construir un aparcamiento para bicicletas y poner sillas en la parte delantera para que la gente tuviera donde sentarse mientras esperaba para entrar. Yo imaginaba que vendrían unos cuantos clientes, pero aquello era un hervidero. ¡Mi nueva librería pronto levantó el vuelo y el «pasatiempo» se me fue de las manos!

Cuando estoy en el jardín o en casa, puedo oír la campana,

así que voy y abro la librería. Este método funciona bien durante las horas más tranquilas, pero normalmente paso la mayor parte del día en ella.

Con cinco clientes se llena la tienda, por lo que me salgo para hacerles más sitio. Enseguida descubrí que la pequeña sección infantil era de lo más popular y que no había espacio suficiente para que las criaturas se sentaran o se tumbaran en el suelo a leer como acostumbran. Había que hacer algo.

—Necesito unos dos metros más de baldas para la sección infantil —informé al pobre Lance. De ahí enseguida pasé a—: Creo que necesito otra librería dedicada en exclusiva a los niños.

—Creía que habías dicho que necesitaban más baldas —respondió antes de añadir—: Es que me lo veía venir. ¿Dos librerías? ¿En Manapouri? Ruth, esto no es un pasatiempo, es un negocio. ¡Se suponía que estamos jubilados!

Lance llevaba practicando el arte de la jubilación desde que vendimos el negocio de barcos chárter y lo estaba perfeccionando. Yo, en cambio, estaba cogiendo velocidad.

Así que allí que me fui, a ver a André, mi constructor maravilloso.

Ya tenía una casita construida en su taller que era perfecta; lo único que le hacían falta eran estanterías. Llegó a casa en octubre de 2019, una vez más en el remolque de un gran tráiler, junto con tres hombres y, esta vez, una grúa enorme para izarla por encima de la librería ya existente hasta el emplazamiento al pie de la valla.

La pintamos naranja, amarillo, azul y verde, con la puerta rojo chillón. Planté un pequeño jardín de flores, colgué campanillas y carillones de viento por el frontal y llené las estanterías de libros. La librería infantil estaba lista.

Mi segunda librería pequeñita gozó de un éxito instantáneo, y no solo entre los niños, también con los adultos. Tengo que acordarme de avisarlos cuando van a entrar de que la puerta no está hecha para ellos. Nos pasamos el día diciendo: «Agacha la cabeza al pasar». Aun así, es habitual oír de vez en cuando el suave tintineo de la campanilla que cuelga sobre la puerta.

Susanna y Rhys llegaron con sus cuatro hijos al comienzo de las vacaciones de Navidad: las gemelas Lulu y Mimi, Jesse y Orenia. Les gustaban tanto los libros que venían cada día a la librería infantil. Bautizaron el gato blanco de peluche que se llevaron una noche Blizzard McMurray.

A los meses de que la familia se marchara, llegó a mi puerta un enorme paquete. Me habían enviado dos hadas preciosísimas, una rubia y otra morena, sentadas en sendos columpios. Ahora forman parte de la librería infantil y cuando hace sol se las suele ver columpiándose afuera, bajo la pequeña terraza.

Manapouri cuenta en la actualidad con doscientos treinta residentes permanentes, solo el uno por ciento de la población del distrito de Southland. Nos encontramos al final de la carretera y a kilómetros de cualquier lugar, pero tenemos Two Wee Bookshops: las librerías de segunda mano independientes más pequeñas de Nueva Zelanda. A veces entorpecemos el tráfico, pues coches y caravanas aparcan a ambos lados de nuestra calle, e incluso en la entrada de nuestra casa o sobre la hierba.

Un día me asaltó una idea inquietante: ¿y si dos librerías pequeñitas no fueran suficientes?

Durante los últimos tres años, había visto a muchos hombres sentados en el coche mientras sus esposas o parejas entraban a echar un vistazo en la librería. A las mujeres les gusta tomarse su tiempo hojeando los libros, a menudo en silencio, aunque en alguna ocasión la tienda se llena de conversaciones y risas. Con el marido o la pareja esperando fuera, muchas sienten la presión por acabar rápido. Una vez, un hombre hizo sonar el claxon al cabo de un rato; otros, de forma pasivo-agresiva, arrancan el vehículo o se acercan al umbral y preguntan: «¿Has acabado ya?» o «¿No has encontrado ningún libro que te guste?» o «Que te estoy esperando». Nadie debería apresurarse jamás en la compra de un libro.

Un día llegó un granjero con la ropa de faena y oliendo a oveja. Fue muy educado y dijo que no iba a entrar en la tienda en ese momento porque había otros clientes dentro.

—Ya vendré otro día —dijo.

—No, tú entra; no nos importa —le respondí.

—Bah, estoy empapado y huelo mal. Nos vemos otro día, Ruth.

Después de aquella situación se repitiera un par de veces, decidí que necesitábamos una tercera librería: una al aire libre, a medida de los granjeros, específica para hombres.

Mi estudio de mercado —consistente en preguntar a los clientes qué les parecía la idea— demostró que los hombres disfrutarían de un espacio para ellos.

—Cariño, creo que necesitamos una librería más —le solté a Lance después de meses de cuidadosa reflexión.

—Ay, Dios —suspiró—, ¿pararás algún día? ¿Por qué otra librería?

—Una para los hombres. Caza, pesca, agricultura, ganadería, tractores, trenes... y algún sitio donde sentarse.

—¿Y dónde la ponemos?

—Justo al lado de la infantil, pegada a la valla.

Lance gruñó.

—¿Y cómo vamos a cuidar de tres librerías? Ya andas corriendo de una a la otra y siempre dices que no tienes libros suficientes.

—Me convertiré en el centro neurálgico de Manapouri —declaré—. Los hombres tendrán un motivo para bajarse del coche; podrán sentarse en el banco y hojear los libros. Pondré mapas en uno de los cajones...

—Y números atrasados de la *Playboy* en otro —bromeó Lance.

Él siempre me había animado con las librerías porque comprende lo mucho que amo los libros y lo importante que es para mí la interacción social. Me acompaña cada mañana cuando abro, arregla lo que haya que arreglar —siempre hay algo que arreglar— y me trae cafés y batidos de fruta a lo largo del día. Cuando estoy ocupada, echa una mano en la tienda. Si hay demasiado lío, mando a los clientes a la puerta de al lado, a nuestra casa, donde Lance los entretiene y les prepara una bebida caliente mientras esperan.

Cuando se me ocurrió lo de la tercera librería, trató de disuadirme porque no tenía claro lo que yo pretendía conseguir. Pero a mí se me había metido entre ceja y ceja, así que acabó aceptándolo.

Compré un viejo armario para ropa de cama y contraté a un albañil local, Ryan Kincaid: no tardó en ir tomando forma una pequeña cabaña. Durante la fase de construcción, mis clientes se interesaron mucho por el concepto de librería para hombres. «¡Ahora tendrás tres librerías pequeñitas!». Pero yo me había empeñado en que tuviera nombre propio, así que pedí sugerencias. ¡Llegaron montones! El Agujero en el Muro, El Cuarto del Hombre, El Cubil de los Tíos, Libros para Él, ManGrove, Cabaña Compartida, El Rincón de los Chicos, El Agujero Masculino (¡!), Pent House, El Escondrijo, El Destacamento, La Cabaña Libresca, Las Dependencias de los Hombres y El Cofre de los Libros.

Cuando Sue me sugirió The Snug, «el reservado», supe que era el nombre que estaba buscando.

La palabra «snug» proviene de Irlanda a finales del siglo XIX. Era, y en algunos casos todavía es, un pequeño cuarto privado en un pub, inaccesible a la clientela principal. Uno paga más por tomarse la cerveza en ese lugar. Cuando mi hermana Jill y yo estuvimos en Belfast, fuimos a The Crown Liquor Saloon, uno de los pubs más antiguos de Irlanda del Norte. Contaba con pequeños reservados con puertas que se podían cerrar para disfrutar de privacidad y, cuando querías que acudiera el camarero, hacías sonar una campana.

Mi reservado es un lugar pequeño que ofrece cierta privacidad. Tiene una terraza cubierta con un banco de obra. Por encima crece un bonito árbol de hoheria, que se llena de minúsculas flores blancas en primavera. Algunos de los granjeros que vienen me han sugerido que sirva vino o cerveza, pero no puedo porque no tengo licencia para vender alcohol (y menos mal).

El día que abrí, uno de mis habituales, Terry O'Toole, acudió con su mujer, Faye. Ambos nacieron en Bluff, diría que hace unos sesenta y cinco años. Terry es fantástico contando historias, grita mucho, hace muecas y gesticula con entusiasmo. Como, al llegar, había pocos clientes, se fue al coche y sacó su acordeón. Para deleite de todos, se colocó bajo la terraza y empezó a tocar canciones antiguas. Era el escenario perfecto y la inauguración perfecta para The Snug, la tercera de mis librerías pequeñitas.

HISTORIAS DE LAS LIBRERÍAS

UNA COMUNIDAD DE BIBLIÓFILOS

Un día, dos mujeres que estaban de vacaciones llegaron a la librería y se presentaron como Irene y Sue. Se habían conocido a los treinta y tantos y eran amigas desde entonces. Irene ahora vive en una urbanización para mayores y viaja a Manapouri con Sue y su marido a pasar fines de semana y vacaciones. Adoran el pueblo; cuando vienen desde Blackmount y arriban a la bahía de Fiordland, Sue dice que es como llegar a otro mundo.

Un par de días antes de Navidad, descubrí que me habían dejado una lata de galletas de jengibre caseras en la puerta de casa con una nota agradeciéndome el tiempo dedicado y los libros que les había recomendado. Cuando volví a verlas, les devolví la lata. Las galletas estaban tan ricas que les pregunté si podían rellenármela a cambio de otro libro.

—¡Ay, no, cómo vas a hacer eso! —respondió Sue. Ella es de las que da, pero le cuesta recibir.

Una semanas más tarde, se presentó con una lata más grande de galletas y me la tendió con una sonrisa pícara.

—Llévate un libro, Sue —le dije.

Ella negó con la cabeza.

—No, pero sí que me lo compraré.

Al cabo de un mes más o menos, al volver a casa de Te Anau, me encontré colgando de la puerta delantera una bolsa negra de supermercado. Miré el interior con interés y descubrí una lata repleta de galletas de vainilla y toffee, otro regalo de Sue.

Unas semanas más tarde, las dos amigas regresaron a la librería. Le devolví a Sue la bolsa de supermercado con la lata y le pedí más galletas. Esta vez estaba empeñada en regalarle un libro a cambio de su increíble amabilidad y, por fin, después de que Irene la animara a aceptar, lo conseguí. Se llevó *Fiordland*, de Peter Beadle, porque había ido al colegio con Simon, su hijo. Peter fue uno de los mayores pintores de paisajes de Nueva Zelanda. Murió en febrero de 2021.

Sue es una romántica. Una de sus escritoras favoritas es Jude Deveraux, autora de más de cuarenta romances históricos.

Cuando le pregunté si podía escribir sobre ella en mi libro, accedió. El día que cumplía cincuenta y nueve años, se sentó conmigo a hablar de lo que iba a escribir. Luego me envió una nota:

> Para Ruth. Gracias por el maravilloso regalo de incluirme en tu libro. Es un «regalo de cumpleaños» precioso que siempre atesoraré. Besos, Sue.

Me dieron ganas de llorar. Ahí estaba esa mujer tan hermosa, dándome las gracias por escribir sobre ella. ¿No debería ser yo quien se lo agradeciera?

La nota proseguía:

Para hornear galletas, una debe estar feliz y satisfecha. Mi madre horneaba mucho y yo la veía elaborar galletas rellenas de mermelada y *shortbread*. Mi marido adoraba las de jengibre, así que decidí prepararle unas pocas; no se creía que pudiera hacerlas tan buenas como las compradas. Toda la familia recibe galletas hechas con amor por Navidad. Para Ruth son deliciosas y crujientes, y ver cómo se le ilumina la cara ya es un regalo precioso en sí mismo. ¿Cómo no llevarle más?

Fue a Sue a quien se le ocurrió el nombre de la tercera librería: The Snug. Gracias a mis librerías pequeñitas, he ganado una amiga fabulosa que me prepara las galletas de jengibre más exquisitas, pero, como tantos otros chefs de renombre, ¡se niega a darme la receta!

28

Home Street

El 28 de febrero de 2020 se registró el primer caso de covid-19 de Nueva Zelanda. Cuando el país cerró las fronteras el 19 de marzo, yo cerré las librerías. El 25 de marzo, el país entero entró en aislamiento y se declaró el estado de emergencia nacional.

Durante las siguientes seis semanas, limpié todas las existencias de libros, las baldas y hasta el efectivo. Una vez a la semana, Lance y yo recorríamos los veinte kilómetros que nos separan de Te Anau para hacer la compra semanal.

En los pocos años que las librerías llevan abiertas, se ha ido formando un grupo de lectura de mujeres rurales en nuestra zona. Yo trato de leer un par de libros a la semana, normalmente sobre las tres y media de la madrugada, cuando no puedo dormir, y así puedo recomendar con confianza títulos a mis clientes. Cuando me topo con alguno bueno de verdad se lo llevo a Alva o a Shirley, o viene Sarah y se lo lleva. De ahí pasa a Catherine e Iona, luego a Margaret y a Fi, a veces a Edith y a otras mujeres que viven en los alrededores de Te Anau y la bahía de Manapouri. Cuando el ejemplar regresa a la librería, lo vendo a menos que quiera guardármelo para mí.

En 2020, durante el confinamiento, el día que íbamos de compras les llevaba libros limpios a algunos de mis clientes habituales y a las señoras del club de lectura y se los dejaba en el buzón o a la puerta de casa. Entre mis favoritos estaban *The Feather Thief: Beauty, Obsession, and the Natural History Heist of the Century* [*El ladrón de plumas: belleza, obsesión y el golpe del siglo para la historia natural*], de Kirk Wallace Johnson, *El insólito peregrinaje de Harold Fry*, de Rachel Joyce, y *El lenguaje de las flores*, de Vanessa Diffenbaugh.

El 13 de mayo bajamos al nivel 2 y, tras consultar la web con información sobre la pandemia que el Gobierno había habilitado para las empresas, volví a abrir la librería principal (cuando hacía bueno). Como los establecimientos son tan pequeños, no podía dejar que entraran los clientes, así que todas las transacciones tenían lugar en el exterior. Los libros estaban en mesas a dos metros entre sí y en la primera había una botella de desinfectante de manos, un formulario de registro y una nota exhortando a la gente a que cumpliera los protocolos covid: distancia física y demás. Les pedía a los clientes que dejaran a un lado los libros que hubieran tocado pero no fueran a comprar. Luego los limpiaba antes de volver a ponerlos en las mesas.

Llevar un establecimiento pequeño de acuerdo con las normas era difícil, pero también era maravilloso volver a ver a todo el mundo después de tanto tiempo.

En Manapouri el frío empieza en mayo. La condensación comenzó a acumularse en los libros sobre las mesas exteriores y tenía que secarlos una y otra vez. Suelo cerrar justo después de Pascua hasta la primavera siguiente, pero 2020 fue distinto por la pandemia. Yo quería seguir todo lo posible, porque la librería era como un pequeño centro comunitario en el que todo el mundo charlaba y comentaba cómo había lidiado (o cómo le estaba costando lidiar) con el confinamiento. Para muchos, leer había sido fundamental. Mis dos diminutas librerías desempeñaron un papel pequeño pero importante en la historia del covid.

A lo largo del año siguiente, puede que en respuesta a los confinamientos, aparecieron varias librerías independientes por toda Nueva Zelanda. En Wanaka, Jenny y Sally abrieron The Next Chapter, que ya se ha ganado una reputación estupenda, así que nos mandamos clientes entre nosotras con regularidad. Es como si la gente hubiera redescubierto la lectura y el valor de rodearse de libros. Yo había pensado que, cuando volviera a abrir en septiembre después del confinamiento, mis ventas bajarían por el covid. Con las fronteras cerradas, mis únicos clientes serían neozelandeses dispuestos a descubrir su propio país en lugar de viajar al extranjero y, por supuesto, mis habituales.

Pero, por increíble que parezca, el negocio ese año fue mejor que nunca. Muchos de mis clientes venían del norte y nunca habían estado en Fiordland o en la isla de Stewart. Quedaban asombrados con su belleza, estupefactos ante la naturaleza salvaje y los paisajes montañosos. Y luego pasaban por delante de mis librerías pequeñitas.

—Hemos tenido que dar la vuelta y venir a ver.

—Hemos oído hablar de ti y de tus librerías, así que teníamos que hacerte una visita.

—Te oí en el programa de Kim Hill y quería conocerte. ¡Espero que hayas empezado a escribir tu libro!

Sí, había empezado a escribirlo. No fui capaz de decirle que no a Jenny, de Allen & Unwin, cuando me convenció de que se vendería. En el fondo todavía me sorprende, pero tú lo estás leyendo, así que ¡gracias!

La tercera librería, The Snug, la monté pensando en los hombres, pero hay el mismo número de mujeres interesadas en agricultura, ganadería, tractores, caza y pesca. Siempre me ha preocupado que mis libros los leyeran sobre todo mujeres, cuando yo siempre he querido llegar a todo el mundo. En mi vida siempre ha habido hombres buenos, superando con creces a los pocos que me han herido y dejado cicatrices. En muchos sentidos, esas cicatrices, igual que los gorgojos que roen la harina, han dado lugar a algo increíble.

Cuando estaba acabando de escribir este libro, fui con Lance a visitar la cruz de Joshua. El haya roja ya supera los veinte metros de altura y la cruz parece minúscula y segura, protegida por sus recias ramas inferiores.

Nos acompañaban unos amigos, así que dimos un paseo por el cementerio, mientras Lance rememoraba los días en que cazaba ciervos con helicópteros, cuando tantos jóvenes acabaron muertos y muchos de ellos fueron enterrados precisamente en ese camposanto. Habían abierto una nueva sección y un gran cartel enumeraba los nombres de todas las personas que descansaban en ella. Al otro lado había un mapa de las tumbas, cada una de ellas numerada y con referencias cruzadas entre nombres y números. Estaba examinando la lista, perdida en mis pensamientos, cuando vi un pequeño recuadro dorado en el mapa con el nombre JOSHUA. Me quedé mirándolo estupefacta, sin creerme lo que estaba viendo: al final lo habían incorporado al registro del cementerio.

—¡Lance, Lance! —llamé a mi marido—. ¡Mira! Joshua aparece en el cartel.

El resto de las tumbas estaban numeradas, pero allí, destacando en un lado, aparecía el nombre de mi segundo hijo. Era el único en el mapa, señal clara de que su memoria perdura y que ambos hemos vuelto a casa juntos, a esta pequeña y hermosa parte de Nueva Zelanda, en el fin del mundo.

Siempre me ha gustado que, para encontrar Two Wee Bookshops en Manapouri, haya que buscar Home Street, la calle del hogar. Y es que puedes tardar mucho en encontrarlo, pero si tienes suerte acabarás llegando. Como llegué yo.

Mi padre tenía razón, mi vida no ha sido un camino recto y normal. Muchos de mis amigos dicen que nada les sorprende cuando les cuento alguna anécdota de mi pasado. En cuanto a Lance, le dice a todo el mundo: «La vida nunca es aburrida cuando estás con Ruth».

Tenía treinta y ocho años cuando Andrew, mi primer hijo, entró a formar parte de mi vida. El viaje de Joshua había llegado a su fin, yo estaba de vuelta en Nueva Zelanda, cerca de mi familia, y estaba enamorada de un hombre increíble. La vida no había pasado de largo a mi lado, sino que había vivido cada minuto.

¿Me dejó marcas? ¿Tuve miedo? Muchas veces.

¿Me arrepiento de algo? No. Todo lo sucedido ha dado forma a quien soy ahora: una mujer tenaz, centrada, de convivencia difícil, profundamente emocional, leal y nada fácil de amar.

Tuve un tío que me quiso con un amor incondicional. Siempre que iba a visitarlo, me sonreía y decía: «Cielos, ¿qué haces aquí, Ruthie? ¿En qué demonios andas metida esta vez?».

Ahora son Lance y mis amigos íntimos quienes me aceptan sin condiciones. Cuando preguntan: «¿En qué has andado metida? ¿A quién estás tocando ahora las narices?», sé que seguirán queriéndome sea cual sea mi respuesta.

Siempre creí que, en algún momento, mi vida se calmaría, echaría el ancla y alcanzaría ese estatus socialmente aceptable de «normalidad». En cierto modo lo he hecho, pero incluso a los setenta y cinco años sigo albergando una rebelde en mi interior, y solo puedo dar las gracias por ello.

Agradecimientos

A Mike White, periodista, escritor y amigo, sin tu ánimo, tu apoyo y tu consejo, no habría escrito este libro. Mencionarte en esta página no hace justicia a lo agradecida que estoy.

A Emma Clifton, mi ángel de la guarda, mientras escribía este libro, aguantaste mis lágrimas, mis dudas y mis desvaríos, y siempre has creído en mi capacidad de contar mi historia. Nuestra amistad fue creciendo a lo largo de un año de sesiones de Zoom frecuentes. (¡Hasta asistí a la boda de Emma por Zoom!).

A Jenny Hellen, mi editora y una de las personas más positivas que conozco. ¿Cómo iba a decirte que no después de nuestro primer encuentro por Skype? Me mantuviste los pies en el suelo, me ayudaste a seguir el ritmo y me acompañaste durante todo el camino... Nada fácil.

Gracias a toda la gente de Allen & Unwin y al equipo editorial, a la editora sénior Leanne McGregor, a la correctora de estilo Rachel Scott y a los correctores ortotipográficos *freelancers* Mike Wagg y Tessa King. ¡Sin vuestras alucinantes habilidades, mis lectores no se habrían enterado de nada!

A la diseñadora Saskia Nicol y a la ilustradora Sophie Watson, gracias por vuestro fantástico diseño, sobre todo por la cubierta y las guardas.

A Marek, si algún día lees este libro, he sobrevivido y espero que tú también.

A Matt —ya sabes quién—, espero de corazón que hayas encontrado la felicidad.

A Tony, con este libro he dejado nuestro pasado atrás. Gracias por tu franqueza.

A Lance, mi increíble marido, siempre me has apoyado. Eres mi alma gemela, mi mejor amigo y la voz de la razón cuando tiendo a alejarme del camino. Gracias por comprenderme y quererme.

Este libro también es para nuestros hijos, Dane y Andrew, y nuestros nietos, Isaac y Molly, Hina, Liam, Stella y Chloe. He contado mi historia para vosotros. A mi hermana, Jill, eres muy distinta a mí y, sin embargo, nuestro cariño por la otra es algo precioso. Tus dos hijos, Hamish y Keir, ahora sabrán lo peculiar que es su tía.

Sin mis amigos, que me aceptan como soy, no me habría atrevido a escribir este libro. No puedo nombraros a todos, pero os daré las gracias en persona por estar a mi lado y no juzgarme.

A lo largo del libro he cambiado algunos de los nombres (y de las circunstancias) para mantener el anonimato de las personas implicadas. Si he cometido algún error, lo siento, la responsabilidad es solo mía.

«Para viajar lejos no hay mejor nave que un libro».

EMILY DICKINSON

Gracias por tu lectura de este libro.

En **penguinlibros.club** encontrarás las mejores recomendaciones de lectura.

Únete a nuestra comunidad y viaja con nosotros.

penguinlibros.club

penguinlibros